W0242069

Zeichnen und Entwerfen

Johannes Uhl

Zeichnen und Entwerfen

Eine Kompositionslehre in Strichfolgen

Nicht nur für Architekten

Birkhäuser Verlag
Basel · Boston · Berlin

Die „Kompositionslehre in Strichfolgen" resümiert das Lehrkonzept des Autors am IDG, Lehrstuhl 1: Architekturdarstellung, Architektonisches Gestalten und Entwerfen, (Direktor: Professor Dipl.-Ing. Wolfgang Knoll) der Fakultät 1: Architektur und Stadtplanung, Universität Stuttgart.

Redaktion: Martina Düttmann
Hildegard Loeb-Ullmann
Layout: Hildegard Loeb-Ullmann

Die Aufnahmen der Zeichnungen auf Dokumentenfilm realisierte Christiane Oeberg, Berlin.

Die Deutsche Bibliothek – CIP-Einheitsaufnahme

Uhl, Johannes
Zeichnen und Entwerfen : eine Kompositionslehre in Strichfolgen ; nicht nur für Architekten / Johannes Uhl. - Basel ; Boston ; Berlin : Birkhäuser, 1998
ISBN 3-7643-5926-9

Die Zeichnungen und Fotografien stammen, soweit nicht anders angegeben, aus dem Archiv des Autors.
Bei allen Abbildungen haben wir uns bemüht, die Autorenrechte ausfindig zu machen und aufzuführen. Wo uns dies nicht gelungen ist, bitten wir die Autoren um Entschuldigung.

Dieses Werk ist urheberrechtlich geschützt. Die dadurch begründeten Rechte, insbesondere die der Übersetzung, des Nachdrucks, des Vortrags, der Entnahme von Abbildungen und Tabellen, der Funksendung, der Mikroverfilmung oder der Vervielfältigung auf anderen Wegen und der Speicherung in Datenverarbeitungsanlagen, bleiben, auch bei nur auszugsweiser Verwertung, vorbehalten. Eine Vervielfältigung dieses Werkes oder von Teilen dieses Werkes ist auch im Einzelfall nur in den Grenzen der gesetzlichen Bestimmungen des Urheberrechtsgesetzes in der jeweils geltenden Fassung zulässig. Sie ist grundsätzlich vergütungspflichtig. Zuwiderhandlungen unterliegen den Strafbestimmungen des Urheberrechts.

© 1998 Birkhäuser – Verlag für Architektur,
Postfach 133, CH-4010 Basel, Schweiz

Gedruckt auf säurefreiem Papier,
hergestellt aus chlorfrei gebleichtem Zellstoff. TCF ∞

Printed in Germany

ISBN 3-7643-5926-9

9 8 7 6 5 4 3 2 1

Inhalt

Die Lehre vom Strich

Architektur sehen, zeichnen, entwerfen

Kreativität – das ist die Suche nach den ungewöhnlichen Verknüpfungen von immer schon Bekanntem. Ausgelöst durch Aufgaben, die das Neue fordern.

Die Kompositionslehre in Strichfolgen formuliert beobachtend und als Methode die Initialphase des architektonischen Entwurfsprozesses. Es ist die Phase, in der alle zentralen Entscheidungen getroffen werden, die die Qualität und Schwächen eines Projektes in Hinblick auf seine Brauchbarkeit für den Nutzer oder den Markt, seine Wirtschaftlichkeit, Funktionalität und seine architektonische Gestalt festlegen – Entscheidungen, deren Konsequenzen im Fortgang nur schwer zu korrigieren sind.

Die Methode ist konzipiert für den entwerfenden Architekten, sie ist aber generell wertvoll für alle Entwicklungsprozesse, denn die Parameter sind immer die gleichen: langanhaltende Beweglichkeit bei der Entscheidungsfindung und prozessuales Denken in immer neuen Überlagerungen, um die Ordnung im Beziehungsgeflecht der Entscheidungen durch viele Erprobungen zu optimieren, bevor alles schließlich in der Momentaufnahme eines endgültigen Entwurfs gefriert.

Warum noch händig zeichnen?

Die Sauberkeit eingegebener Striche oder die simulierte Dreidimensionalität computererzeugter Hochglanzbilder verführen dazu, der perfekten Darstellung schon all das zuzutrauen, was im Entwurfsprozeß erst entstehen muß. So kommt es auch zu den Schwierigkeiten des entwerfenden Architekten mit dem CAD: Die Eingabe fordert eine Arbeitsweise, die nicht der Logik und der Reihenfolge der Entwurfsschritte entspricht. Bibliotheken des CAD-Programms geben Grenzen vor, zwingen vor dem viel zu kleinen Bildschirm Standardentscheidungen auf, die oft zu ärmlichen Lösungen führen. Bei der zu frühen Eingabe in den Computer – womöglich sogar außer Haus – ersetzen Konstruktionstypen, die jede Art von späterer Koordinationsmöglichkeit vorhalten müssen, kostenaufwendig das kontinuierliche Entstehen sichtbar überlagerter Entwurfsschritte auf dem türblattgroßen Tisch. Das Korrekturlesen von Ausdrucken im Überschallknall kann das schrittweise Mitdenken bei der Entstehung der Zeichnung nicht ersetzen. Und ist dann endlich in Zusammenarbeit von Architekt und den anderen an der Planung beteiligten Fachdisziplinen das Projekt fertig entwickelt, bleibt dem Computerexperten nur noch die Eingabe für die Dokumentation, eine Aufgabe, die der technische Zeichner schneller, preiswerter und trotzdem präziser ausführt, oder richtiger: die Entwurfsschritte begleitend schon ausgeführt hat. Die computergerechte Eingabe von Daten führt leicht zu einer reduzierten Entwurfsqualität, während die gebäudegerechte, das heißt die mit unterschiedlicher Darstellungstiefe in den unterschiedlichen Maßstäben arbeitende und komplex überlagernde Computer-Zeichnung unbezahlbar teuer und zeitaufwendig wäre. Und: Der in den Computer eingegebene Strich hat – unabhängig vom Maßstab – immer die gleiche Präzision, eine Präzision, die am Anfang Detailantworten erzwingt, noch bevor überhaupt die generellen Entscheidungen getroffen worden sind. Gerade bei der Suche nach den Zielen des Entwurfs, bei der Entscheidungsfindung brauchen wir aber langanhaltende Beweglichkeit.

Denken, was man zeichnen kann

Am Anfang steht deshalb das Zeichnen. Es ist ein Training für die Hand, das die sichtbaren und die unsichtbaren Eigenschaften der Dinge in einer visualisierten Sprache zu Papier bringt, und so zwischen dem bloß Denkbaren und dem Zeichenbaren eine Brücke schlägt. Das Denken wird nach außen verlagert in den Stift, in die Bewegung der Striche. So werden die Gedanken doppelt geschult: durchs Zeichnen und durchs Denken.

Im Fortgang hat nur noch Gültigkeit, was der Strich präzisieren kann. Die Striche sind die zeichenbaren Gedanken, sie sind präziser als das Wort. Die Zeichenbarkeit siebt aus, nur zeichenbare Gedanken können in architektonische Strukturen und dann in Architekturtypologien übertragen werden. Mit anderen Worten: nicht alles, was gesprochen werden kann, kann auch entworfen werden.

Die Hand muß die präzisen und aussagefähigen Striche wie ein Handwerk einüben. Das ist schwer möglich, wenn man gleichzeitig schon entwerfen will. Wir brauchen deshalb das (scheinbar) absichtslose Zeichnen draußen oder im Aktsaal, das wie ein sonntäglicher Luxus daherkommt, das sich in unendlich vielen Blättern ganz auf die Eigenschaften der Striche konzentriert, auf den Blattaufbau, auf das Experiment im Bildraum der Zeichnung.

Die vielen Blätter bilden ein Repertoire gezeichneten Wissens über die Eigenschaften der Dinge, sie sind eine Sammlung von Ideen, sie halten analytische Beobachtungen fest oder lassen unerwartet neue Zusammenhänge entstehen. Das Zeichnen schult das präzise Sehen und die Übersetzung des Gesehenen ins andere Medium. Im Bildraum der Zeichnung entstehen die abstrakten Zeichen räumlicher Vernetzungen, die der Architekt als Vorbild räumlicher Beziehungsgeflechte für zukünftige architektonische Kompositionen herauslösen wird. Die Menge schult die Toleranz den eigenen Ergebnissen gegenüber; die Blätter relativieren und ergänzen sich gegenseitig.

Ein Lernprogramm für den Strich

Der Zeichnende ist nicht unvoreingenommen, er setzt sich ein Ziel, eine Aufgabe für den Tag. Er will Regeln thematisieren, die er im gezeichneten Objekt findet oder von außen an es heranträgt, er will den Abstraktionsgrad der Strichmuster ausreizen, die Striche reduzieren, bis sie fast ohne Abweichungen das Repertoire des Aussagbaren entstehen lassen oder ausprobieren, mit welchen Möglichkeiten sich Hintergrund und Vordergrund im Bildraum der Zeichnung darstellen lassen. Undsoweiter ...

Gleichzeitig entsteht Unbewußtes auf dem Blatt, das festgehalten werden will. Man erkennt es oft erst am nächsten Tag, aus der Distanz zum Blatt und zum Augenblick. Die Balance einzuüben zwischen der gezielten Suche nach Lösungen und dem geduldigen Hinhören auf die unbewußten Reaktionen, ist besonders wichtig. Die unbewußten Reaktionen sind durch vieles provoziert, nicht nur durch die gestellte Aufgabe, sondern auch durch den Ort, den Arbeitsplatz, durch die Erlebnisse drumherum oder durch die Entwurfsaufgabe, die zuhause auf dem Tisch wartet. So entstehen die persönlichen, unverwechselbaren Reaktionen. Und: von vierzig Blättern werden höchstens drei oder vier wirklich gut, soviel Anlauf braucht das Brauchbare. Das übt in Geduld. Dennoch ist es wichtig, die gelungenen Stellen auch zwischen den noch häßlichen Strichen in den anderen Blättern zu entdecken.

Der ungesicherte Anfang beim Entwerfen

Nichts gefährdet den kreativen Anfang mehr, als den einstürmenden Ideen und Bedingungen mit vorgefertigten Antworten und einem von irgendwo kopierten Strich zu begegnen. Und nichts bremst mehr, als die geniale Lieblingsidee, die geboren ist, bevor die Aufgabe differenziert studiert wurde. Sie stellt sich der generierenden Logik des Entwurfsprozesses wie eine Mauer in den Weg.

Am Anfang steht also – trocken und unkreativ – die detaillierte Aufarbeitung des notwendigen Wissens zu den funktionalen Anforderungen, zur Auswahl der zugeordneten Bausysteme, zum Mittelaufwand und zu den Realisierungsphasen. Das angesammelte Wissen muß im Unterbewußten gären, damit sich die Ideen als Reaktion darauf brauchbar zusammenfügen können. Das ist der Zustand des suchenden ungesicherten Anfangs, die nachhaltigste Chance für kreative Innovationen.

Die Phase der Wissensaufarbeitung verkürzt sich durch die zunehmende Erfahrung von Projekt zu Projekt. Der suchende Anfang, die Phase des skizzenhaften Ausprobierens von Ordnungen für die beweglich gehaltenen Entscheidungen läßt sich nicht ohne Schaden für das Projekt abkürzen. Die zu früh vorgenommenen Festlegungen verhindern die notwendige Optimierung des Entwurfs und die Vorhaltung späterer Koordinationsmöglichkeiten durch komplexe Überlagerungen.
Wir brauchen die Kontinuität der Unsicherheit.

Eine Linie, ein von rechts nach links aufsteigender Strich.

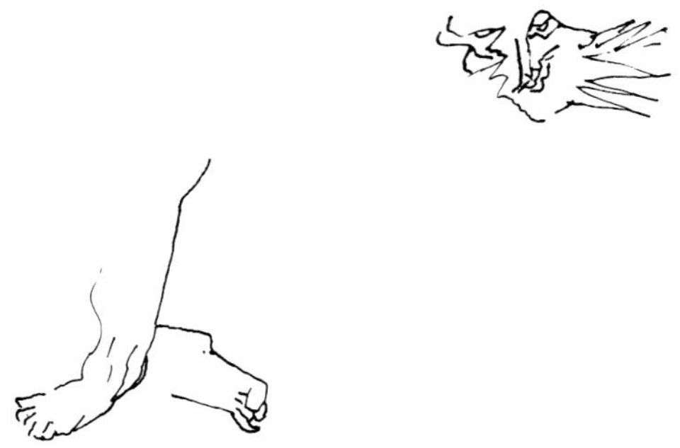

Umrandungen deuten bekannte Formen an, ornamentale Schönheit in Strichen, die Verständlichkeit intendieren.

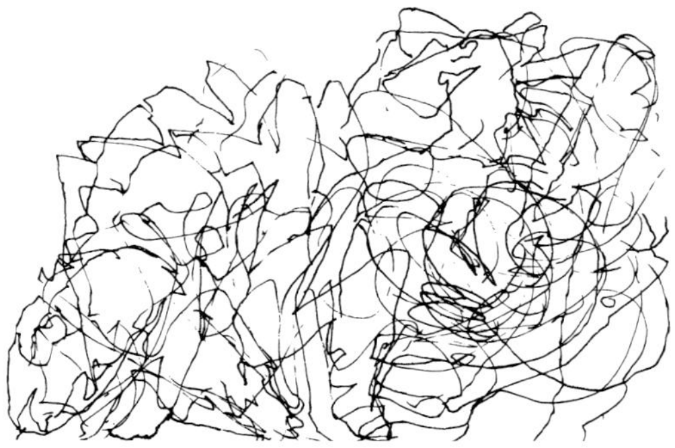

Linien geschrieben, ganz Medium zeichnen.

Muster aus Strichen, vom Zentrum her gestrichelt, oder fallend, oder geschleudert.

Üppige Fülle vieler sich überlagernder und also mehrfach deutbarer Strichmuster. Der überraschende Gedanke: dieser Zustand ist nicht der abschließende, sondern der Beginn.

Das Format füllend.

Linien, die (mindestens) zwei Eigenschaften zu Strichmustern verbündeln: wackelig fallen, spitzig aufsteigen, schlaufig fortlaufen, chaotisch gewickelt.

Aus dieser Fülle wird reduziert: die Muster werden weniger, ausgewählter, zwischen ihnen entsteht deutlicher der Bildraum der Zeichnung.

Im Bildraum der Zeichnung zwischen Hintergrund und Vordergrund hin- und herspringen, Gleichzeitigkeit von Hintergrund und Vordergrund.

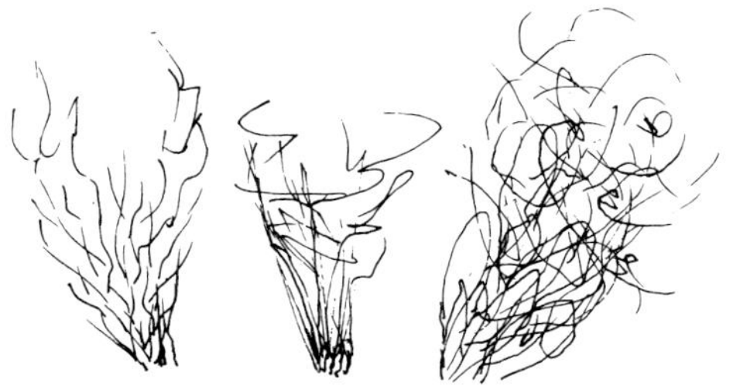

Drei Varianten einer Regel: von unten nach oben sich steigernd, mit Fliehkraft.

Weiter abstrahiert, werden die reduzierten Striche Vorbild für architektonische Strukturen: parallel fasrig geknickt, gebrochen, geworfene Bewegungsformen, konzentrische Ringe.

Ziel: nur noch mit wenigen Linien und mit ganz wenigen Abweichungen auskommen.

Die vielen Blätter bilden ein Repertoire gezeichneten Wissens
über die Eigenschaften der Dinge,
sie sind eine Sammlung von Ideen, sie halten analytische Beobachtungen fest
oder lassen unerwartete Zusammenhänge entstehen.

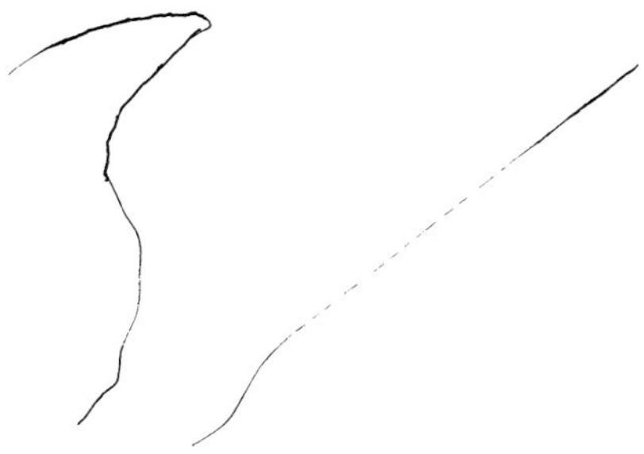

Strich fallend und Strich aufsteigend.

Isoliert: eigentümliche Schönheit vertrauter Ornamente.

Heftige Strichbündel, von links nach rechts geschrieben, nach oben reduzieren sie sich.

Strichmuster: spitzige, geknickte, wellige.

Viele verwirbelte Strichbündel überlagern sich, es isoliert sich nichts.

Dieselben Linien überspringen ihre Zeilen, verhaken sich flächig und füllen das Format …

Strichbündel: Rauten, Wirbel, Zöpfe.

Jetzt isolieren sich verwirbelte Strichbündel, fallen haltlos nach unten oder strecken sich rautenförmig, sprudeln. In der Reduktion deuten sie den Gesamtzusammenhang an. Dazwischen entsteht Bildraum.

Die Bewegungen glätten sich zu Notenlinien im Vordergrund, dekorative und vertraute Strichmuster hüpfen im Hintergrund.

Aufsteigende Wirbel in Varianten.

Weiter abstrahiert, werden reduzierte Strichmuster Vorbild für architektonische Strukturen: als vieldeutbare Wegsysteme und als Orte. Die Orte: rautenförmig fasrig, parallel, fasrig geknickt, gebrochen, vereinzelte Splitter, Schlaufen, die verhaken.

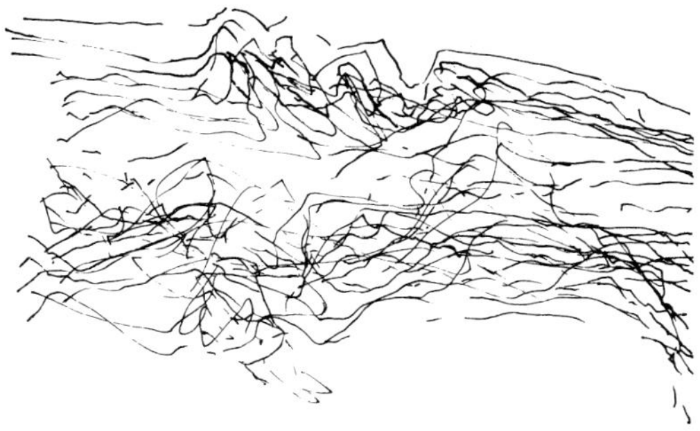

Der Versuch, die erspielten Bewegungen mit nur geringen Abweichungen der Notenlinien festzuhalten.

Die Vielfalt des Möglichen in den Skizzen am Anfang
In den aus der Hand geschüttelten Entwurfsskizzen am Anfang ist der Gegenstand, den man sucht, noch nicht geschunden durch den harten Gang durch die Wirklichkeit. Er ist noch Idealtyp, ist ein phantastischer Gegenstand.

Die – vielen – Skizzen breiten ungebremst die Palette des Möglichen am Anfang aus. Sie irritieren vielleicht, weil sie so ungenau vibrieren. Aber sie fördern das kreative Sehen und das schrittweise Fortkommen, wenn sich mitten unter den häßlichen unsicheren Strichen aus diffusen Gedanken nach und nach immer mehr präzise Striche klärend ergeben. Oder besser: Wenn der imaginierende Blick in den Strichen liest und so den Lösungen auf die Spur kommt. Der ungesicherte Anfang des Skizzenhaften schafft Beweglichkeit, er schafft Organisationsstrukturen, die alle Entscheidungen in einem Geflecht zusammenführen und zusammenhalten. Die häßlichen Striche machen Druck, weil sie zeigen, wo es noch Ungelöstes gibt.

Je zahlreicher und feingliedriger die Skizzen, je differenzierter und kleinteiliger die Strichmuster sind, und je häufiger sie sich überlagern, um so größer ist die Chance auf neue und unerwartete Zusammenhänge, auf die Wahrscheinlichkeit des Unwahrscheinlichen. Man muß die Möglichkeiten beurteilen, sich entscheiden, und eine auswählen, während das Dritte, was das Ziel ist, das eigentliche Objekt, die Realisation, durchscheint. So wird die Skizze durch Weglassen von Möglichkeiten, durch Abstrahieren nämlich, allmählich in den immer präziser werdenden Plan überführt, der dann die Konventionen, die Notwendigkeiten, um die man nicht herumkommt, mit aufnimmt, eben in die Wirklichkeit des Mediums Architektur überführt. In eine Wirklichkeit, der man die unendliche Fülle des phantastischen Anfangs anmerkt.

Bauherrenziele in architektonische Strukturen übersetzen
Die Summe eines sorgfältig ermittelten Wissens ist nicht bruchlos und zwangsläufig in ein Projekt gleicher Qualität überführbar. „In Worte niedergelegte [architektonische] Ordnungen können Dunkelheit lassen und Mißverständnis erzeugen", sagt Schinkel. Die in Worten (und Zahlen) formulierten Bedingungen und Bauherrenwünsche müssen in architektonische Strukturen übersetzt werden.

Die Skizzen leisten diese Übersetzung. Vermittels einer Vokabelsammlung bedeutungshaltiger Zeichen werden die zusammengetragenen Ideen brauchbar dem Entwurf angenähert. Diese semiotischen Zeichen, ohne Zufälligkeiten, ohne optische Nebengeräusche und ohne ästhetische Ambitionen, sind die hohe Schule des Architekten. Mit ihnen steht ihm ein Übertragungsmodell zur Verfügung, das die Übersetzung von Strukturen aus dem einen in das andere Medium sichert. Und darum geht es, wenn Bauherrenziele in Architektur übersetzt werden sollen.

Bedeutungshaltige Zeichen und Variantenbildung
Woher kommt das Vokabular der bedeutungshaltigen Zeichen? Paul Klee weist uns in seinen Zeichnungen einen Weg, den Dingen zeichnend das Wesentliche zu entlocken, „auch das durch die optische Perspektive verdeckte Wesentliche", ihre Strukturen, ihre Eigenschaften, ihre Genese, ihre Bewegungsformen.

Dieses „Wesentliche" zu finden und aus Körpern oder aus Architekturen herauszupräparieren heißt, schrittweise durch deren Oberfläche hindurchzusehen, um dahinter die die Oberfläche ordnenden Regeln zu erkennen und sie – mit Strichen, die durch das sonntägliche Zeichnen geübt sind – als dürre und materiallose Muster festzuhalten. Als Vokabular, als Sammlung von möglichen Beziehungsmustern für zukünftige Aufgabenstellungen.

Ist dann die Aufgabe gestellt, kann der Architekt mit Hilfe der semiotischen Zeichen in Varianten die Möglichkeiten typologischer Festlegungen erproben. Jedesmal läßt er andere Faktoren dominieren. So filtern die Varianten im breit angelegten versucherischen Repertoire Verallgemeinerbares von Subjektivem. Sie bilden den Schlüssel zur methodischen Optimierung des Entwurfs und zur methodischen Offenheit bei der Suche nach innovativen Lösungen. Zeichen, die nur von weitem bedeutungshaltig scheinen, sind leicht zu entlarven, ihre Eigenschaften

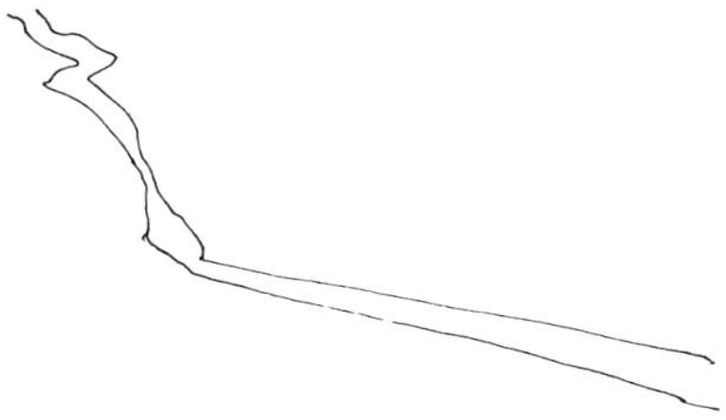

Von rechts nach links aufsteigende parallele Linien.

Eitle, ornamentale Striche.

Die einmal gefundenen Gesten in eher horizontalen Linien geschrieben.

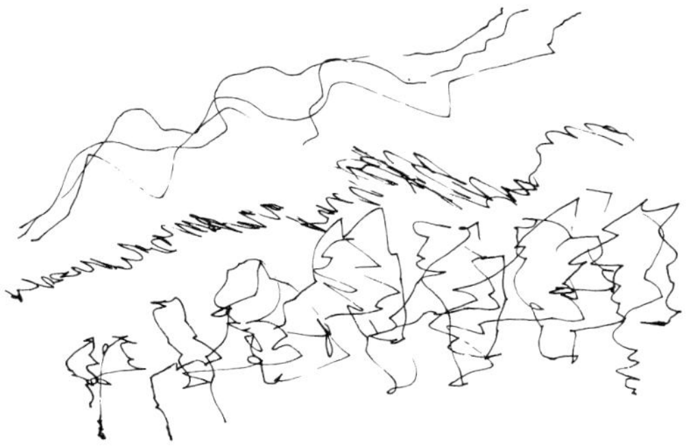

Von links nach rechts parallel aufsteigende Strichmuster, nach rechts heftiger werdend, immer weiträumiger schlingend.

Drei Strichbündel überlagern sich, sie suchen jeweils einen anderen Anfang, Mehrdeutigkeit stellt sich ein.

Jetzt werden die zuvor vereinzelt auftretenden Linien in parallelen Zonen aufgereiht.

Unten: Striche, stachelig schlingernd, in der Mitte: Linienbündel, rautenförmig, fasernd, parallel schlingernd, oben: Linienbüschel, schlaufig sich verknotend.

Reduzierte Strichmuster, mehr Bildraum zwischen den Einzelgesten macht die vereinzelten Gesten sichtbarer.

Jetzt sind die Linien sparsamer, wie Notenlinien, auf denen im Vordergrund hüpfende Muster sich einhaken.

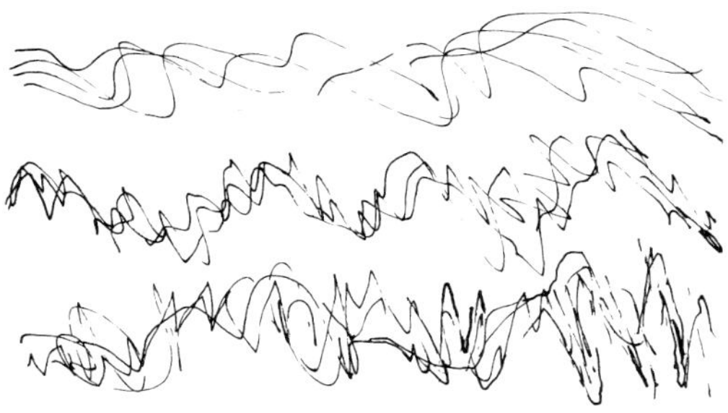

Drei Wellen, sich von links nach rechts steigernd.

Noch reduziertere Strichmuster, Schuppen, Rauten, Ketten, Schlaufen, sie können Vorbilder für architektonische Strukturen sein.

Der Versuch, mit weniger Linien und nur noch geringen Abweichungen die eingesammelten Gesten zu wiederholen.

Der imaginierende Blick liest in den Strichen und kommt so Lösungen auf die Spur.

lassen sich ohne Konsequenzen durch andere ersetzen. Präziser formuliert: Wenn die syntaktische Anordnung abgeändert werden kann, ohne daß dies zu Veränderungen in der Bedeutung der Strukturen führt, gibt es keinen ursächlichen Zusammenhang zwischen der Funktion und der Form der Entwurfstypologien. Die Veränderung einzelner Parameter bringt dann keinen Fortschritt, die Semantik ist verloren und das Zeichen bleibt persönliche Antwort, geschmäcklerische Form, die nicht zu überprüfen ist. Eine methodische Optimierung ist nicht möglich. Die Chance, Ungeahntes zu finden, ist vertan. Der neue Entwurf bleibt einen Schritt hinter den Möglichkeiten zurück. Bautypen, die im Kurzschluß aus solchen Zeichen entstanden sind, haben sich die Entwicklungsschritte der Prüfung und der Optimierung nicht zugemutet.

Die Variantenbildung ist der Prüfstein, ob es sich um bedeutungshaltige Zeichen handelt. Variantenfähigkeit ist unabdingbar, erst die Variantenbildung verdeutlicht die Grammatik der Regeln, klärt die Regeln, die einwirken, macht sie handhabbar.

Die Bedeutung kann aber auch auf der Strecke bleiben, wenn sich Architekturen in der Schönheit der grafischen Strichmuster, der grafischen Darstellung am Anfang selbstverliebt verlieren und nichts mit tektonischer Schwerkraft im Sinn haben wollen. Sie haben die Übersetzung in architektonische Realität gar nicht erst versucht. So entsteht der gebaute Strich, der nicht weiß, in welchem Material er konkret werden soll, oder der gebaute Gedanke, der gerne im immateriellen Raum seiner philosophischen Herkunft verharrt wäre – Unsinnlichkeit ist Mode geworden.

Die echte Architekturskizze meint immer ein zukünftiges Projekt, das sie aktuell im phantastischen Zustand vorstellt. Die im Nachhinein auf Packpapier dahingehuschten Zeichnungen in Buntstift für die Publikation sind ebenso ein Mißverständnis, wie die Architekturen, die den Mediensprung von der eindimensionalen Schönheit der graphischen Muster in die dreidimensionale Körperlichkeit eines materiellen Gegenstandes nicht leisten.

Architekturkomposition

Kennen Sie Billy Holliday? Da ist ihre von Drogen zerfressene Stimme, die eher an das Geräusch einer scheppernden Gießkanne erinnert. Gegen diese versagende Stimme muß sie mit viel, viel Musikalität angehen, um überhaupt eine Melodie zustande zu bringen. Die Melodien finden in Varianten zusammen, ganz unterschiedlich interpretiert, geschoben, gedreht, geboxt und gewendet, Karusselfahrten in Klangfarben eingetaucht: von gestammelten Wortfetzen auf ausströmender Luft bis hin zum flüssigen Wohlklang aus röhrenden Orgeln. Die Texte erzählen derweil ganz kleinlaut von durchlittenem Leben. Manchmal sind sie die Antwort, manchmal vollendet die Musikalität. In dem Zueinander der Variationen liegen die Überraschungen ihrer Gestaltungskraft, das Neue. Dort wuchert die Musikalität von Billy Holiday und die der Musiker an ihrer Seite. Was entsteht, ist Komposition.

In der architektonischen Komposition sind die Verhältnisse schwieriger als in der Musik, denn die Masse der Mitrealitäten muß erst einmal gebunden werden. Die Entscheidungen vollziehen sich während Jahren und das mit Hilfe vieler Fachleute und Gewerke. Sie sollen in Details konkret werden, räumlich geordnet Wünschen dienen, mit Gefühl für Kosten organisiert und durch unendlich viele Vorschriften zusammengehalten werden.

Das also heißt komponieren: alle Entscheidungen integrieren, sie als Entscheidungen zur Komposition zu verstehen und so die Trennung von Funktionalität und Schönheit, von Kunst und Nicht-Kunst aufzuheben. Komposition als Methode ist logisch und gefühlvoll, verallgemeinerbar und persönlich, als Ergebnis eingängig und schwer zugänglich zugleich. Im Ergebnis meint Komposition einen Organismus. Die Methode rührt Geistigkeit an. Und deshalb ist sie übertragbar. Sie hält Chancen bereit für den architektonischen Entwurf, für die methodische Zielfindung am Anfang eines jeden Entwicklungsprozesses und, wenn man sie strukturell weiterdenkt, auch für den interdisziplinären Dialog.

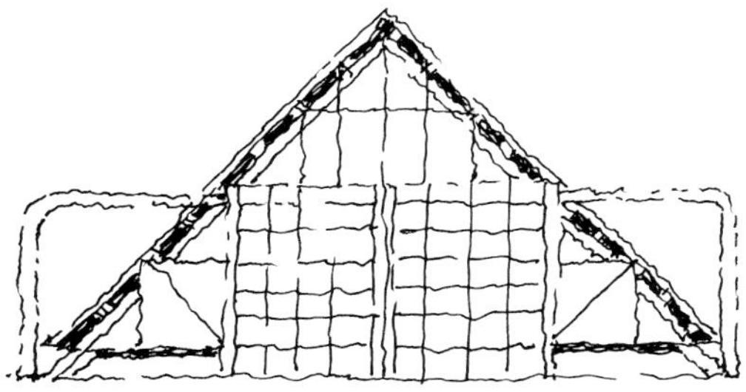

Nordansicht eines Hangar für das Modell eines Raumgleiters von Prof. Eugen Sänger.

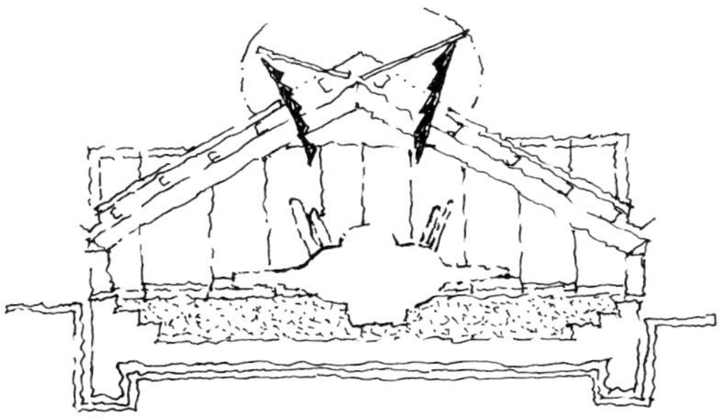

Schnitt, Typ Gewächshaus.

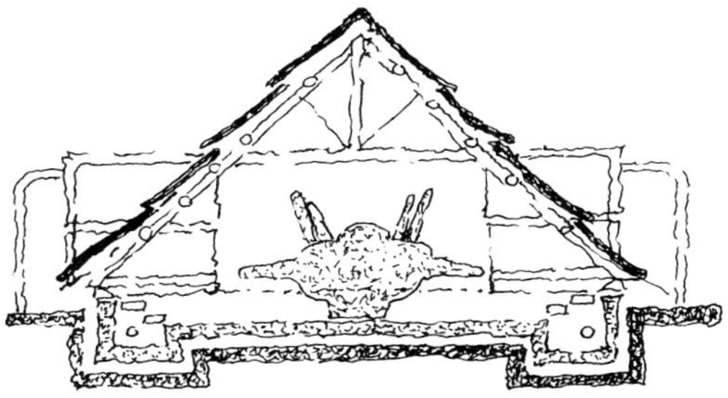

Schnitt, Querträger, Pfosten-Riegel-Konstruktion in Aluminiumprofilen.

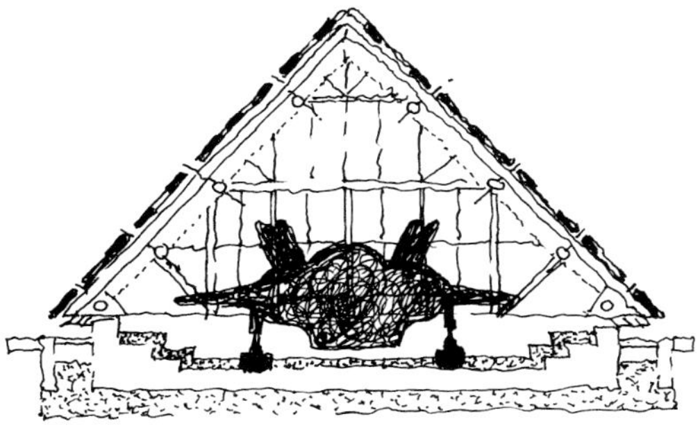

Schnitt, Querträger, unterspannte Längsträger, Pfosten-Riegel-Konstruktion, Stahlprofile.

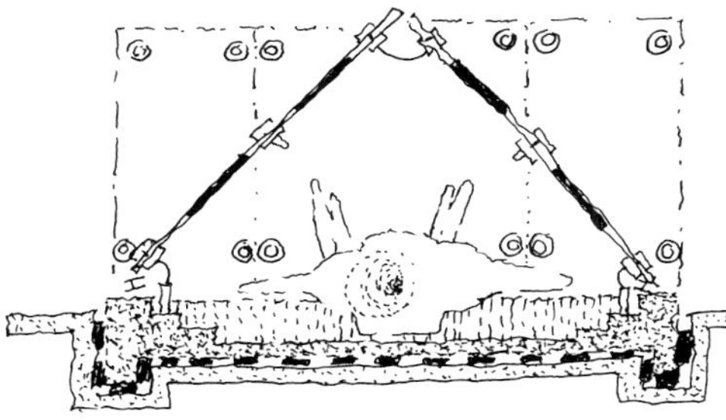

Schnitt, Typ Kartenhaus.

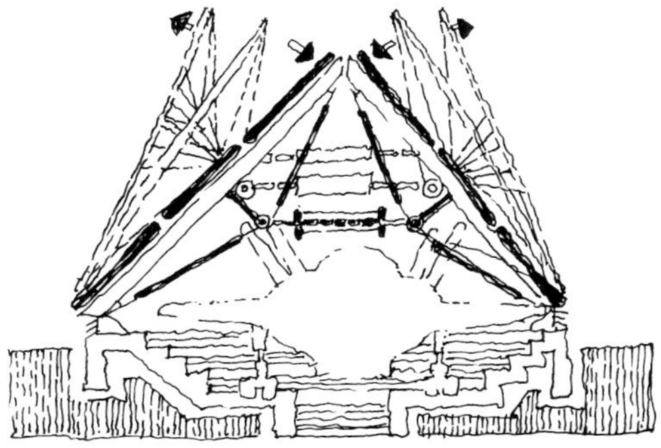

Schnitt, Typ Polenceau mit Inspektionsgrube.

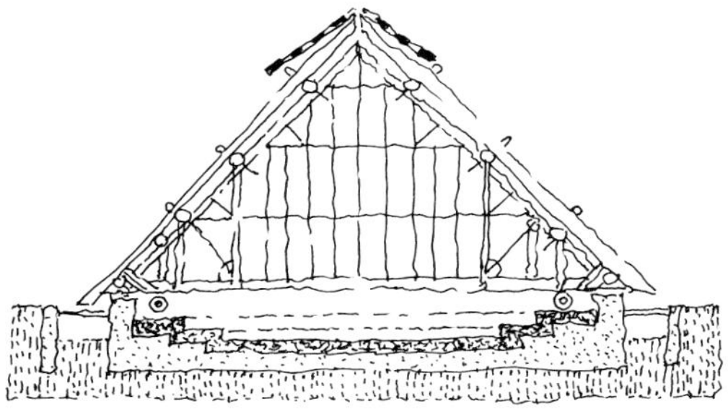

Schnitt, zusätzlich Entrauchungsöffnungen, Aluminiumprofile, Raumgleiter ist ausgeflogen.

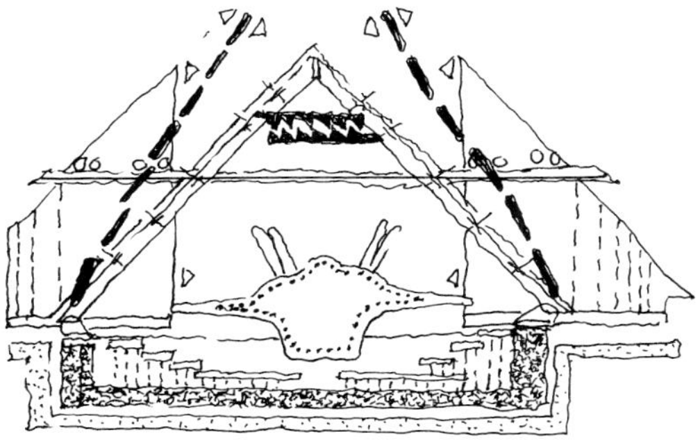

Schnitt, bewegliche Querträger, Pfosten-Riegel-Konstruktion, Stahl.

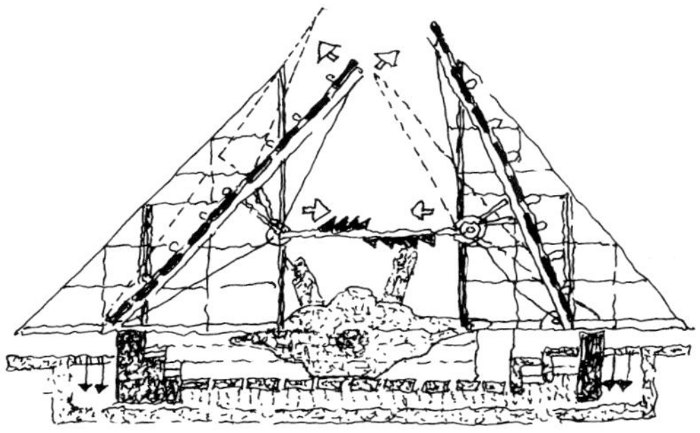

Schnitt, Typ Polenceau, Entwässerung ringsum im Wasserspiegel.

Südansicht.

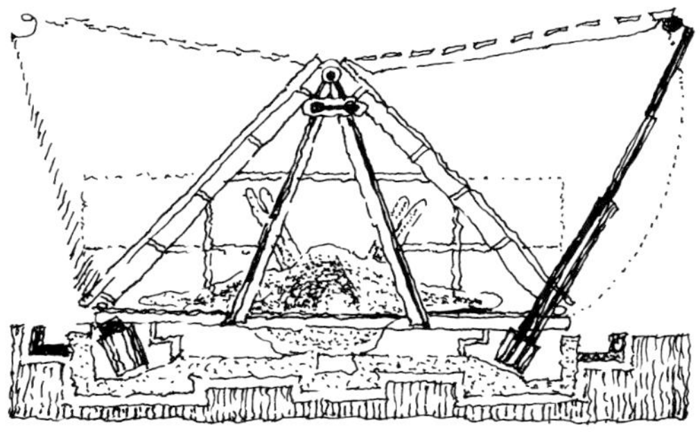

Schnitt, Längsträger und bewegliche Querträger.

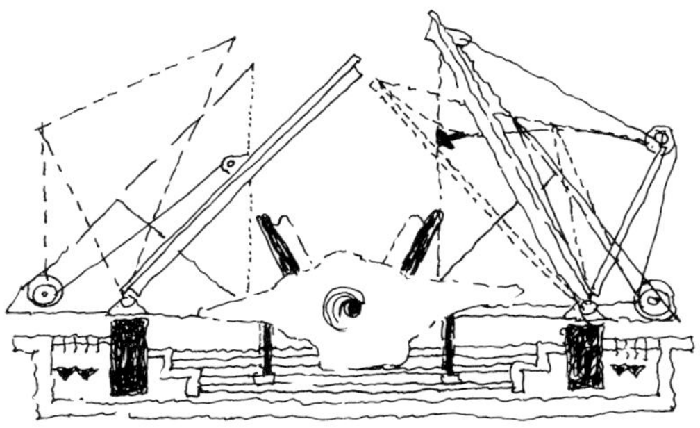

Schnitt, Typ Zugbrücke, Martin Wollensak gut zugehört.

Es ist gut, auf eine gestellte Aufgabe zunächst in Varianten einzugehen.
Die Varianten relativieren die Antwort, bereiten die Palette der Möglichkeiten vor.
Sie zeigen, wo die Grenze der sachlichen Logik und der Beginn der persönlichen Entscheidung liegt.

Konfettiregen aus Elementen mit Veranlagungen, die der Aufgabe dienen könnten: eine Hochhausgruppe soll entstehen.

Die Regeln verdeutlichen, verstärken sich und suchen vage Anordnungen und Verknotungen.

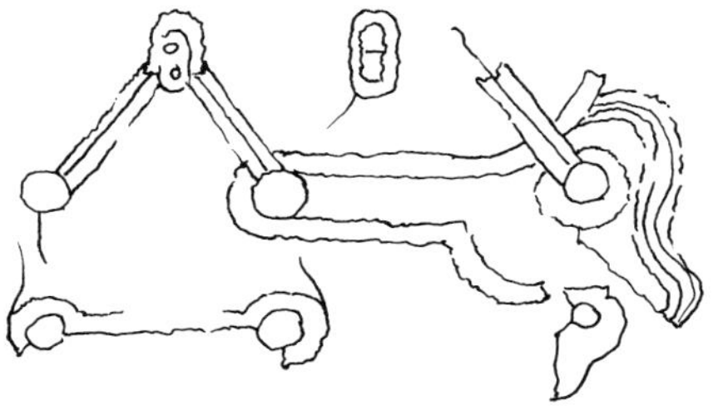

Vorläufig...

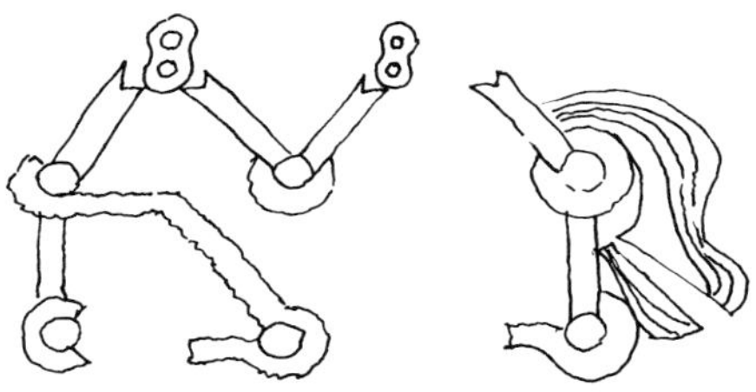

... legen die Regeln Orte fest, die Verknüpfungen proben weiter ganz unterschiedlichen Zusammenhalt.

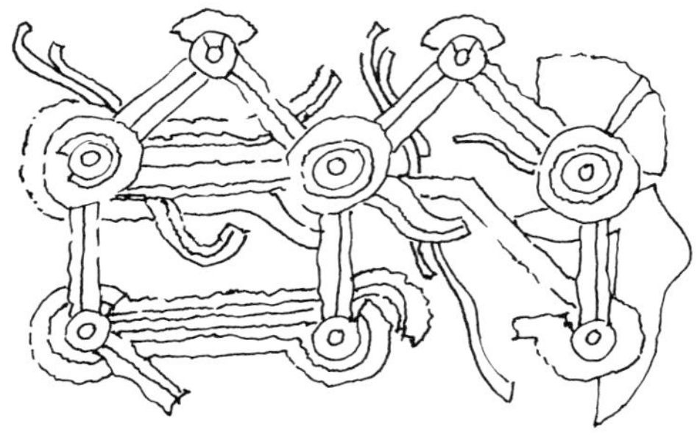

Die Orte kristallisieren sich immer deutlicher zu konzentrischen Ringen, suchen an offenen Rändern weiter.

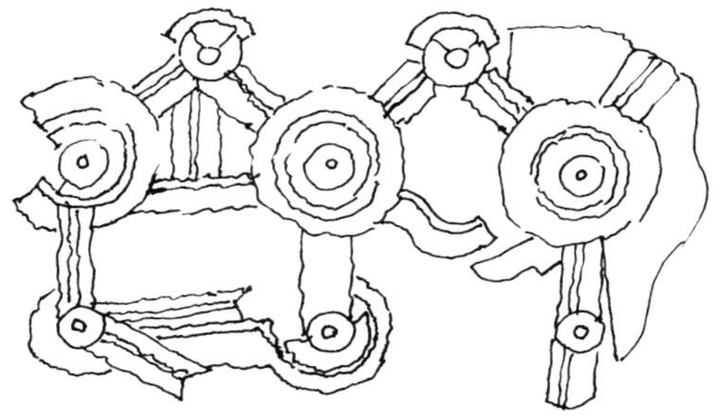

Unterschiedliche Flächen füllen zusätzlich das Netzwerk, die Verbindungen proben noch immer die Typologie der Begegnungsformen.

Noch andere unterschiedliche Flächen fallen neu darüber her.

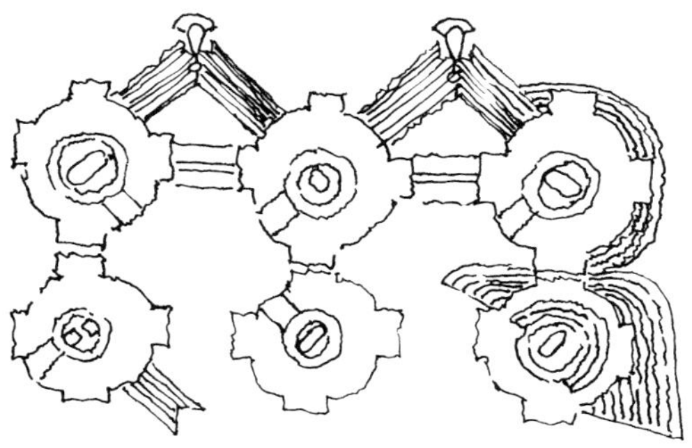

Ausgewählte Verknüpfungen, Vernetzungen der Erschließungstypen (Orte), Gebäudetypologien, scheinen deutlicher durch.

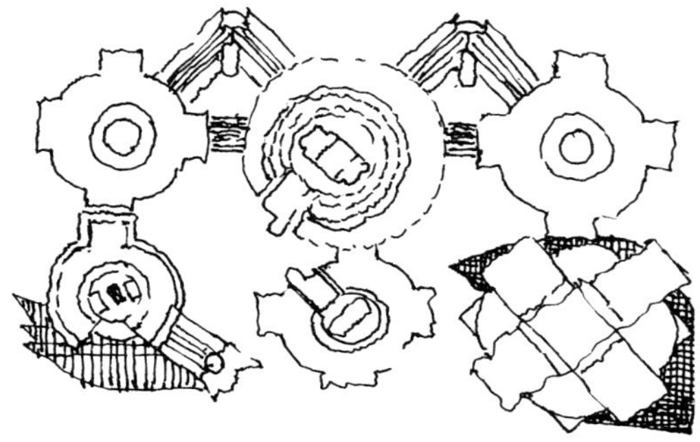

Vernetzung der Erschließungstypen in der Dachaufsicht ...

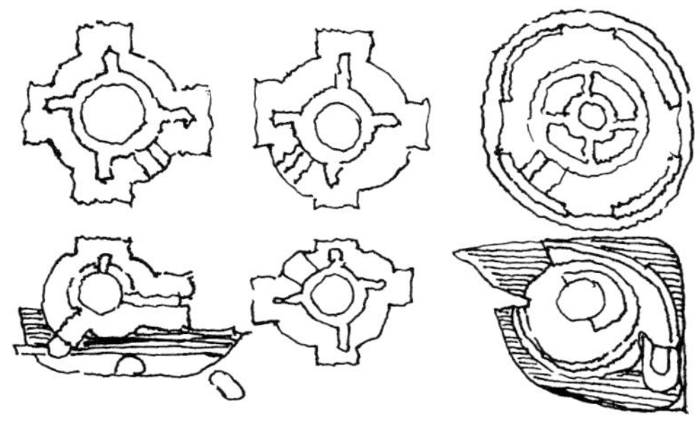

... in 6m Höhe,

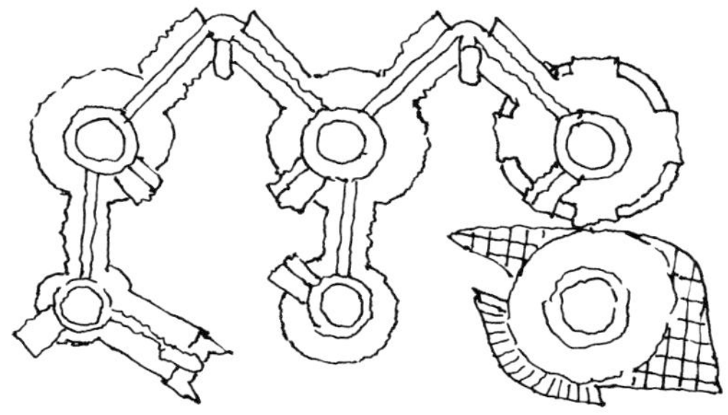

... im Normalgeschoß (16m),

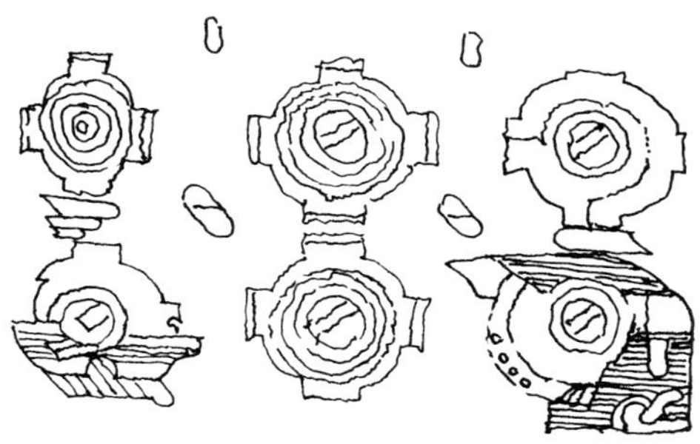

...im Erdgeschoß.

Die echte Architekturskizze meint immer ein zukünftiges Projekt, das sie aktuell im phantastischen Zustand vorstellt.

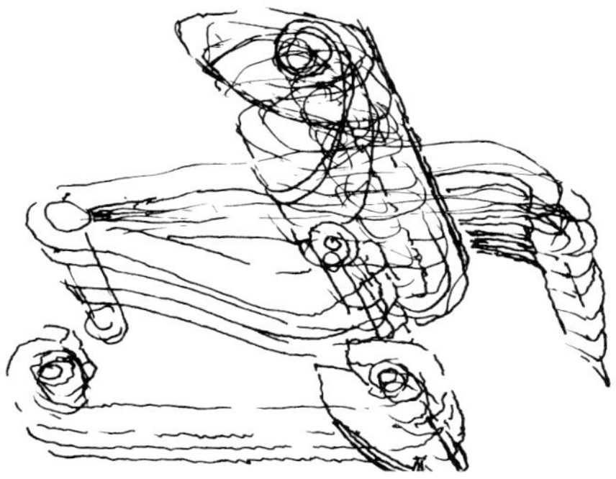

Rotationsformen kreieren schlaufige Verknüpfungen.

Die Orte erproben rechtwinklige Verbindungen, oder Abtrennungen, die Orte sind neue Orte jetzt, der Zusammenhang zwischen Zusammenhalt und Gehaltenem ist erkennbar.

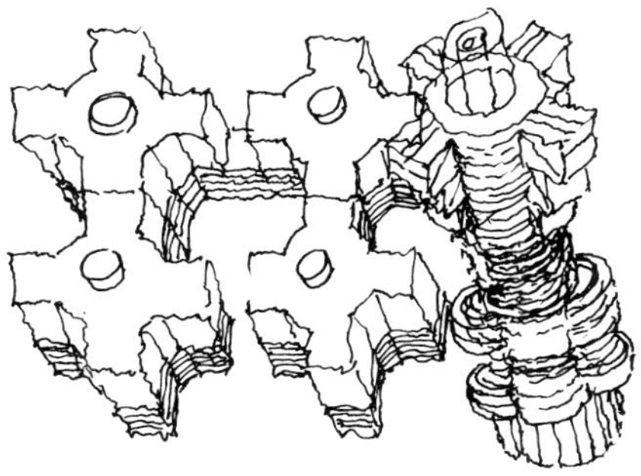

Sternförmige Sockel, rechtwinklige Verbindungen, ausgewählt als sich aufdrehende Bewegungsformen wiederholen sich und einen Ort.

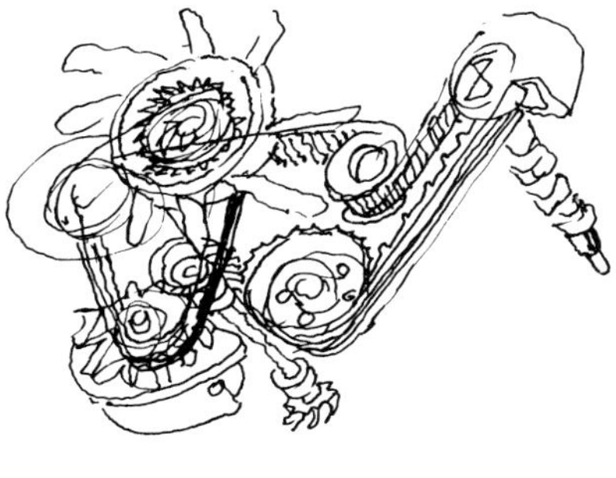

Vorbild: Keilriemen wickeln sich um bewegliche Achsen der Komponenten.

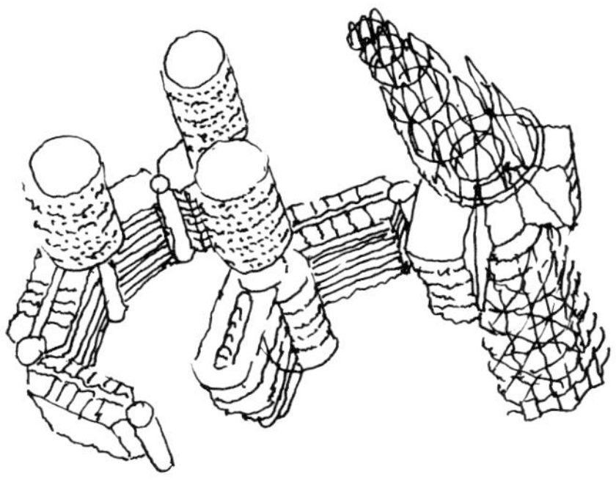

Die Orte erproben diagonale Vernetzung um Sechseckraster.

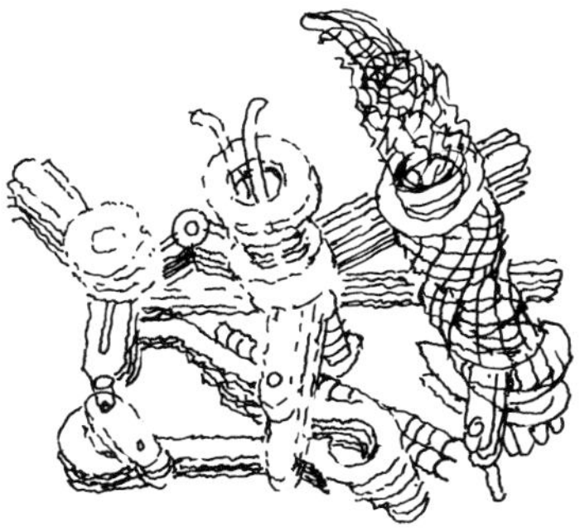

Die gefundenen Orte suchen zusätzliche Vernetzungsstrukturen und individuelle Ausprägung in rotierenden Bewegungsformen.

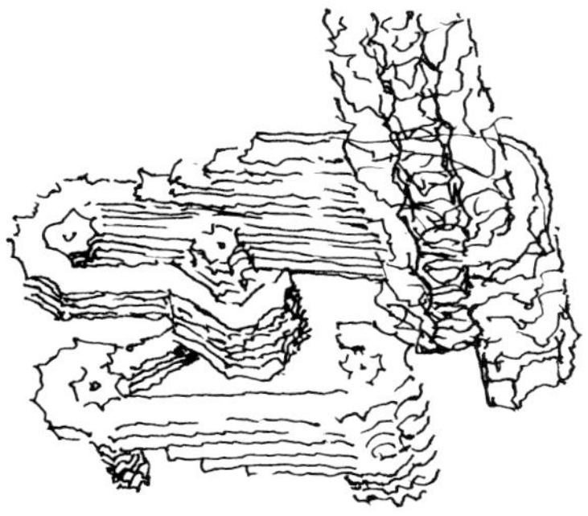

Schlaufige Verbindungen wickeln sich um bewegliche Zentren.

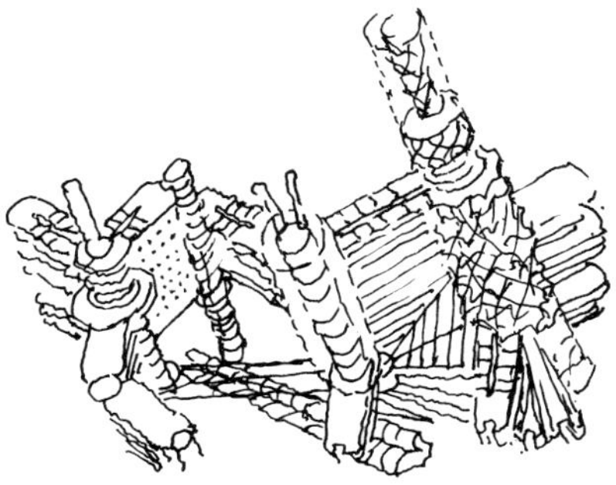

Vernetzung im Sechseckraster auf unterschiedlichen, zusätzlich beliebigen Netzwerkrichtungen, Höhen und Ebenen.

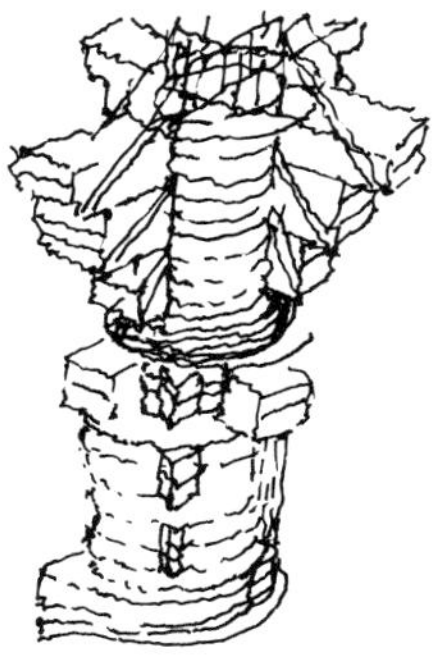

Ausgewählte Bewegungsform stellt sich in Abschnitten dienend auf unterschiedliche Nutzungen ein.

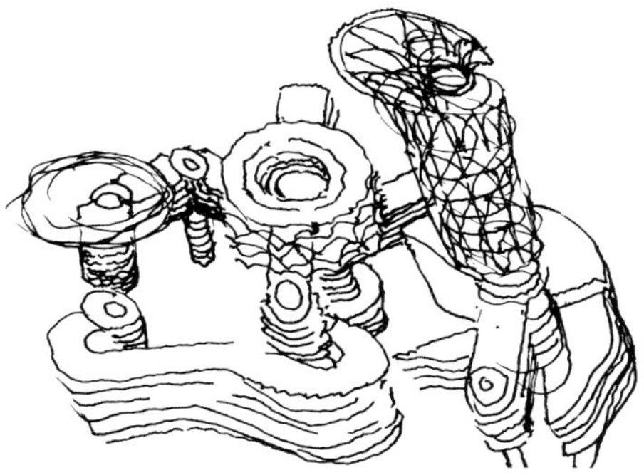

Schlaufige und diagonale Verbindungen halten unterschiedliche Rotationsformen zusammen.

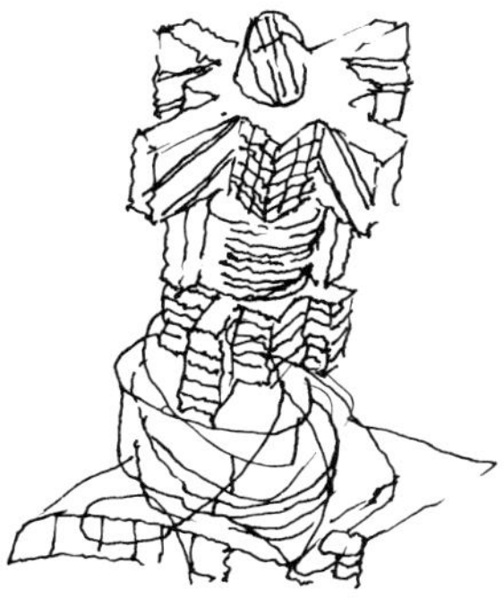

Ein Ort isoliert, diffuses spiraliges Aufdrehen gerinnt zu sternförmigen Auskragungen darüber, in Etappen sich nach oben vergrößernd.

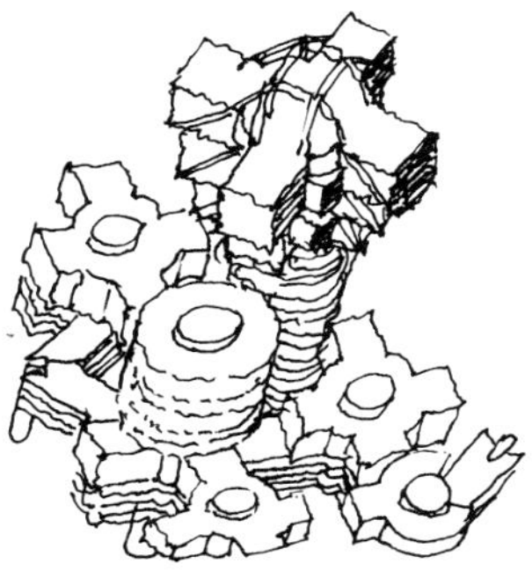

Unterschiedliche Bewegungsformen, die Nützlichkeit für die gestellte Aufgabe andienen.

Ein neuer (alter) Qualitätsbegriff: Das Prozessuale

Noch einmal: Alle Entscheidungen müssen in das Beziehungsgeflecht integriert sein, die besonderen, die selbstverständlichen und die trivialen. Die nicht integrierten Entwurfsentscheidungen, besonders wenn sie unbedeutend waren, fallen heraus aus der Gestalt und sorgen für ordinäre Häßlichkeit.

Das materielle Produkt des Bauvorhabens sind zwar feste Häuser oder mechanisch bewegliche Bauteile, aber im Entwurfsprozeß sind diese einzelnen architektonischen Strukturen vorübergehend als Bündel von Regeln vorstellbar, als gerade noch bewegliche architektonische Muster, auf die andere Regeln verändernd einwirken und so den Zusammenhalt der großen Konfiguration besorgen, nicht wahllos, sondern in bestimmten Organisationsformen und nach Faktoren, die die Einwirkung bestimmen.

Das ist die andere Art des Sehens: in festen Körpern immer auch bewegliche Körper sehen zu können, die über sich hinausweisen, die den Zustand davor als Erinnerung mit sich tragen und den Zustand danach für die Vorstellung vorbereitet haben; ein Gestaltungsprinzip, das Architektur wie vorübergehend festgehaltene Bewegungsformen interpretiert.

Schinkel formuliert: „Das Werk der Baukunst muß nicht dastehn als ein abgeschlossener Gegenstand, die echte wahre Imagination die einmal in den Strom der in ihm ausgebrochenen Idee hineingerathen ist muß ewig von diesem Werk aus weiter fortgestalten und ins Unendliche hinausführen. Es muß dasselbe als den Punkt betrachten von welchem aus ganz in der Ordnung ausgegangen werden kann in die unzertrennliche Kette des ganzen Universum. Ein Streben, ein Sprossen ein Crystallisiren, ein Aufschießen, ein Drängen ein Spalten, ein Fügen, ein Drücken, /Biegen, Tragen, Setzen, Schmiegen, Verbinden, Halten/ ein Liegen und Ruhn welches letztere aber hier im Gegensatze mit den bewegenden Eigenschaften auch absichtlich sichtbarlich angeordnet und in so fern auch als lebendiges Handeln gedacht werden muß, dies sind die Leben andeutenden Erfordernisse in der Architectur."

Das Beziehungsgeflecht der Entscheidungen

Vorneweg sind die Orte eines zukünftigen Projekts durch Anforderungskataloge bestimmt, isoliert nach den Strukturebenen der verschiedenen Bautypologien.

Auf dem Tisch liegt das weiße Blatt Papier, die aufgeschlagenen Bücher mit den Vorbild-Lösungen, die Notizen zu den DIN-Normen und den Erfahrungen aus den Telefonaten mit den Fachleuten. Zu Anfang Chaos, alle Möglichkeiten auf einmal, alle Anforderungen auf einmal. Der Versuchung der Reduktion der vielfältigen Möglichkeiten durch abstrakte Vorab-Entscheidungen oder durch die Lieblingsidee wird widerstanden. Die Suche beginnt.

Das erste Ziel ist es, verschiedene mögliche bautypologische Muster, d.h. Beziehungsgeflechte aus Bedingungen zu finden, die in Typologien überführbar wären und die die Anforderungen erfüllen könnten. Noch im Kleinen, isoliert nach den Strukturebenen der verschiedenen Bautypologien, aufgezeichnet in Skizzen. Diese Muster werden im nächsten Schritt versuchsweise überlagert in ein räumliches Geflecht eingesetzt, um mögliche Verteilungen für den zukünftigen Entwurf zu erproben. Sie sind jetzt noch sehr beweglich, und deshalb leicht in architektonische Typologien überführbar. Sie meinen Nutzung, Erschließung, Raumfolgen, konstruktive Gefüge, Bauordnung, DIN-Vorschriften, materiellen Aufwand, Wirtschaftlichkeit, Kosten ...

Jede der Entwurfsentscheidungen kann den Zusammenhalt nur still erleiden oder eben im räumlichen Beziehungsgeflecht den Zusammenhalt besorgen, dominieren; bis die Verhältnisse beginnen, eine eigene Logik zu generieren, der man dann folgen kann und der man dann sogar folgen muß, müssen die Entscheidungen in Varianten auf Tauglichkeit erprobt, bewertet und optimiert werden. Varianten relativieren, sie schaffen Toleranz; nichts muß so sein. Durch die Varianten lassen sich Einfachheiten finden, die aus der Fülle kommen, die reduziert wurden in komplizierten Schritten, die dann als reduzierte Einfachheiten verständlich sind für alle, auf den ersten Blick. Minimieren ist dann mehr.

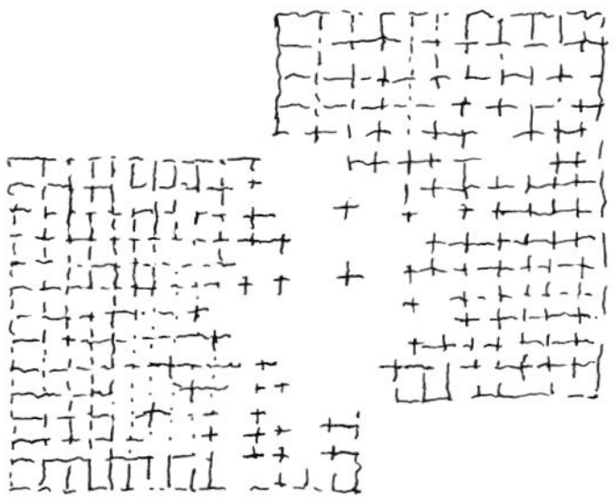

Die erste Skizze zeigt vorgehaltene Reserveflächen im Blockinnenraum, Spielraum für spätere Entscheidungen.

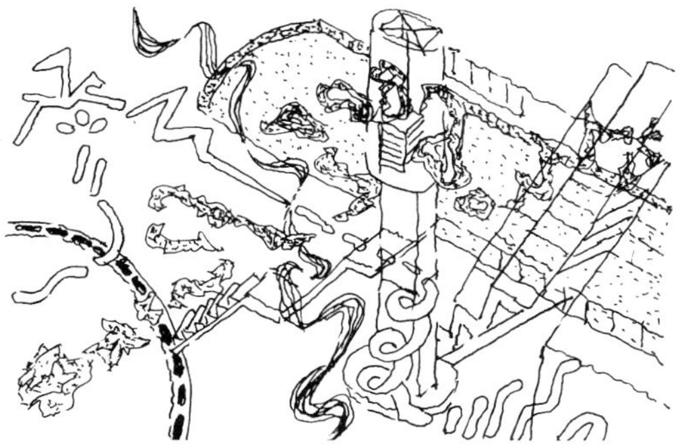

Unterschiedliche Wegsysteme überlagern sich…

Jeder macht sich ein eigenes Bild.

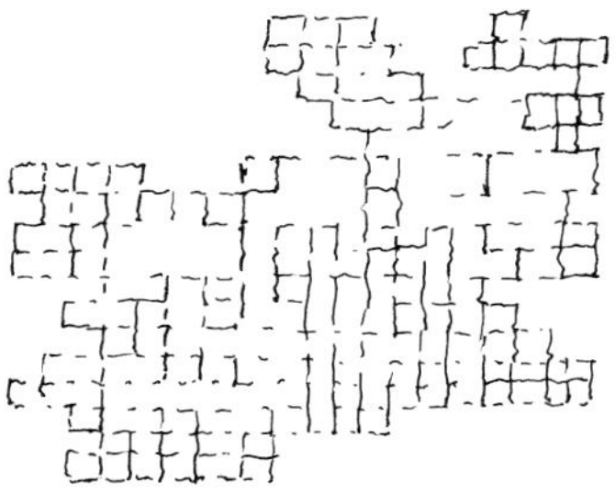

Am Blockrand sichern offene Ränder Erweiterbarkeit oder Reduzierbarkeit. Die Planung erstarrt nie zu endgültiger Größe.

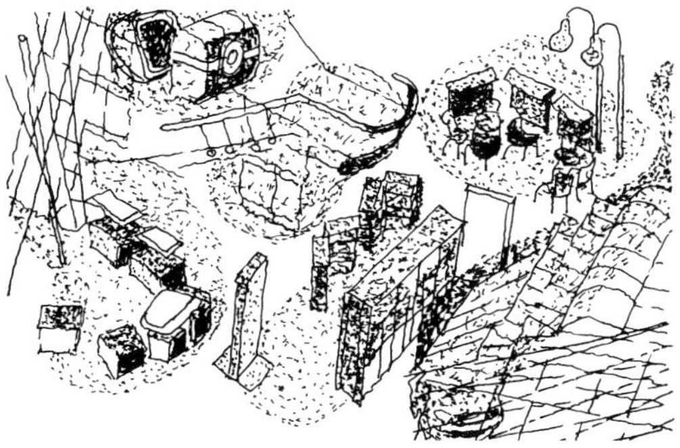

… und schenken mehr Raum, wenn sie Orte in immer neuen Erlebnisketten aufreihen. Das Ergebnis sind individuelle Raumfolgen…

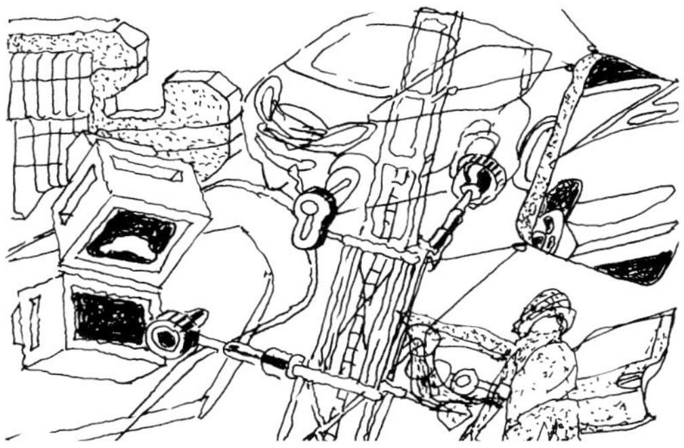

Unerwartete Nachbarschaften rücken den Servicebereich in die Nähe der Ausstellungszonen, die Werkstatt wird an den Verkaufsraum geschoben und schenkt Einblicke, die Gleichzeitigkeit der vielen Eindrücke meint Lebensgefühl.

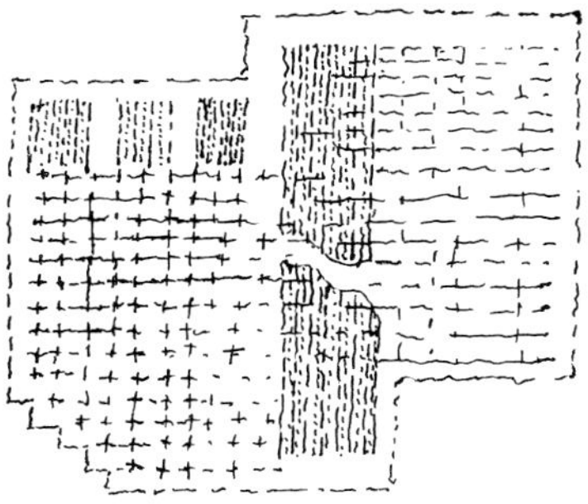

Konzentrierte Aufmischung der verschiedenen Orte in beweglichen Größen, in einem beweglichen Beziehungsgeflecht, in überschaubarer Nähe kompakt zusammengehalten.

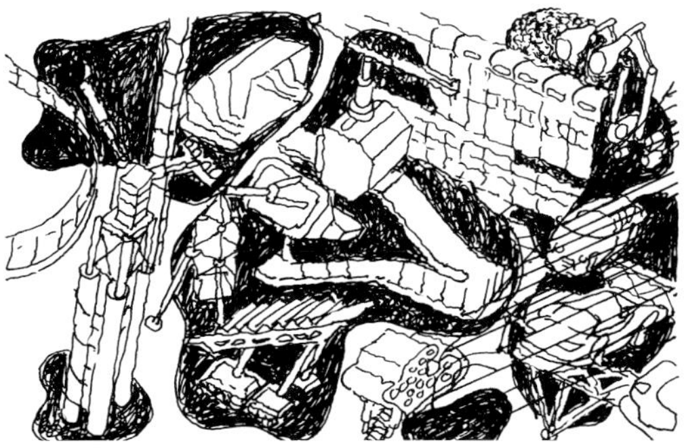

… Raumfolgen täuschen real nicht vorhandene Größe vor, wenn sich die Bilder die man schon gesehen hat, zu einer größeren Größe aufaddieren.

Die Fassaden sind nach innen gekehrt, der Innenraum ist der überdachte Stadtraum…

Platzfolgen schenken unterschiedliche Wege durch die Gesamtanlage.

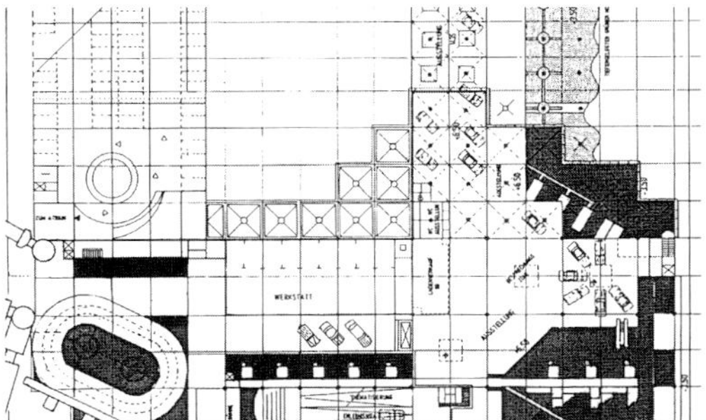

Grundriß: geistige Offenheit durch offene Architektur, die persönliche Aneignung vorbereitet hat und materielle Offenheit durch bewegliche modulare Systeme, bewegliche konstruktive Verhältnisse, bewegliche (Verbindungs-)bauteile.

… und umgekehrt suchen die events in der Fassade den Dialog mit dem Außenraum, mischen sich in die Diskussion ein.

Ein zukunftsweisendes Kundencenter soll entstehen als Marktplatz für die Produkt- und Leistungspalette eines Automobil-Konzerns und als Kommunikationsraum zwischen Markt, Stadt, Industrie und Kundenkultur.
Es ist Teil eines innerstädtischen Blocks.

Komposition hat die Aufgabe, zu dienen, sich an Brauchbarkeit anzunähern, Nützlichkeit zu liefern. Ein Bündel von Entscheidungen wird weiter mitgetragen, die noch gar nicht eingeflochten sind, die nur für möglich gehalten werden und nicht auf der Strecke bleiben sollen.

Die Textebenen der Komposition und die Mehrdeutigkeit
Die Entwurfsentscheidungen können durch Entwurfstypen und den Umgang mit Entwurfstypen auf unterschiedlichen Textebenen für Nutzung und für Wahrnehmung durch Anschauung gezielt zur Sprache gebracht werden. Schinkel spricht von „architecture parlante".

Begriffe, die unterschiedliche Adressaten meinen, liegen auf der Hand: gefällig, verständlich, konstruktiv, vermietbar, wirtschaftlich. Komposition leistet die Unterscheidung dieser Textebenen und sorgt auch für die Verteilung auf Maßstabsfelder. Die Textebenen bereiten sowohl Volkstümlichkeit vor für die, die atmosphärisch einbezogen sind als auch differenzierte architektonische Antworten für die analytischen Blicke der Fachleute.

Der Architekt, der die Komposition beherrscht, reagiert auf den Ort und entscheidet über den Grad der Komplexität, mit dem sein Entwurf antwortet. Die Antwort kann das Skizzenhafte sein, kann bloß atmosphärisch bleiben, um die Aneignung über Improvisation leicht möglich zu machen. Oder sie kann Komplexität herbeirufen, indem bestimmte Eigenschaften durch vielfache Überlagerung gleichzeitig verschiedenen Bedingungsrastern angehören. Für die Bauteile heißt das: sie werden in immer neuen Beziehungen zusammengesetzt, erhalten immer verschiedene Rollen innerhalb verschiedener Bautypologien.

Komplexität alleine ist eine Häufung von Bedingungen, die sich im Gebäudeteil abbilden. Aus der Komplexität wird Mehrdeutigkeit, wenn die Anhäufung von Abhängigkeiten im Voraus so sortiert wird, daß im nachhinein Bautypologien (zwei-, drei-, mehrdeutig) überlagert lesbar sind. Vielfache Lesbarkeit, durch den Architekten differenziert vorbereitet, durch den Betrachter immer neu erprobt. Der Mehrdeutigkeit folgt Imaginierbarkeit auf den Fuß. Ein reales Gebäude wird zu vielen verschiedenen Gebäuden in der Vorstellung, wenn im Entwurf viele Möglichkeiten vorgehalten wurden, immer wieder neue Relationen zu entdecken. Die Erlebnisse mit dem Haus sind dann immer andere. Die persönliche Aneignung ist vorbereitet. Also: In der Vorstellung die Zusammenhänge neu ordnen, in den Relationen lesen, durch die Formen hindurchsehen wie durch Glas – eine neue Definition von Transparenz.

Fazit: Gestalten mit Relationen
Komposition führt zu einer Gestalt, die Lebensgefühl meint und Lebenswelt gestaltet. Sie nimmt alle Entscheidungen ernst, auch die sogenannten unbedeutenden. Denn die nicht-integrierten Entwurfsentscheidungen gefährden, besonders wenn sie unbedeutend waren. Sie fallen dann heraus, plärren laut und sorgen für ordinäre Häßlichkeit. Zum Beispiel Mülltonnenorgeln oder Mülltonnenaltäre vor sorgfältig gestalteten Eingangsportalen, weil der Abstellplatz bei der Planung vergessen wurde; Tiefgaragenzufahrt für das millionenschwer gestaltete Vorzeigeprojekt in der Innenstadt zum unauffindbaren Mäuseloch geschrumpft, konstruktiv notwendige Pfeiler tanzen aus der Reihe der sorgfältig ins Muster gesetzten Schmuckpfeiler, Stahl-Profile ertrinken in nachträglichen Putzorgien, Fahrstühle fahren stündlich durchs Doppelbett.

Entwurfsentscheidungen binden, heißt Relationen gestalten, mit Relationen gestalten, nicht mit Formen. Die Relationen integrieren die Formen und machen sie unsichtbar. Das Geschmäcklerische schwindet. Formen sind aufwendig und binden Geld. Relationen kosten weniger, können zudem noch auffälliger sein. Und: formal zurückgenommene Gebäude fördern die Kreativität derer, die darin leben und arbeiten. Das aber setzt die Aufarbeitung der Aufgabe im Detail voraus. Um die erniedrigenden Arbeiten im Detail, mit viel Fachwissen kommt man nicht herum, denn die Relationen entstehen im Prozeß, sie sind das Ergebnis aus den versucherischen Überlagerungen der Bedingungen im skizzenhaften Zustand des Vorentwurfs. Womit wir wieder beim Zeichnen sind ...

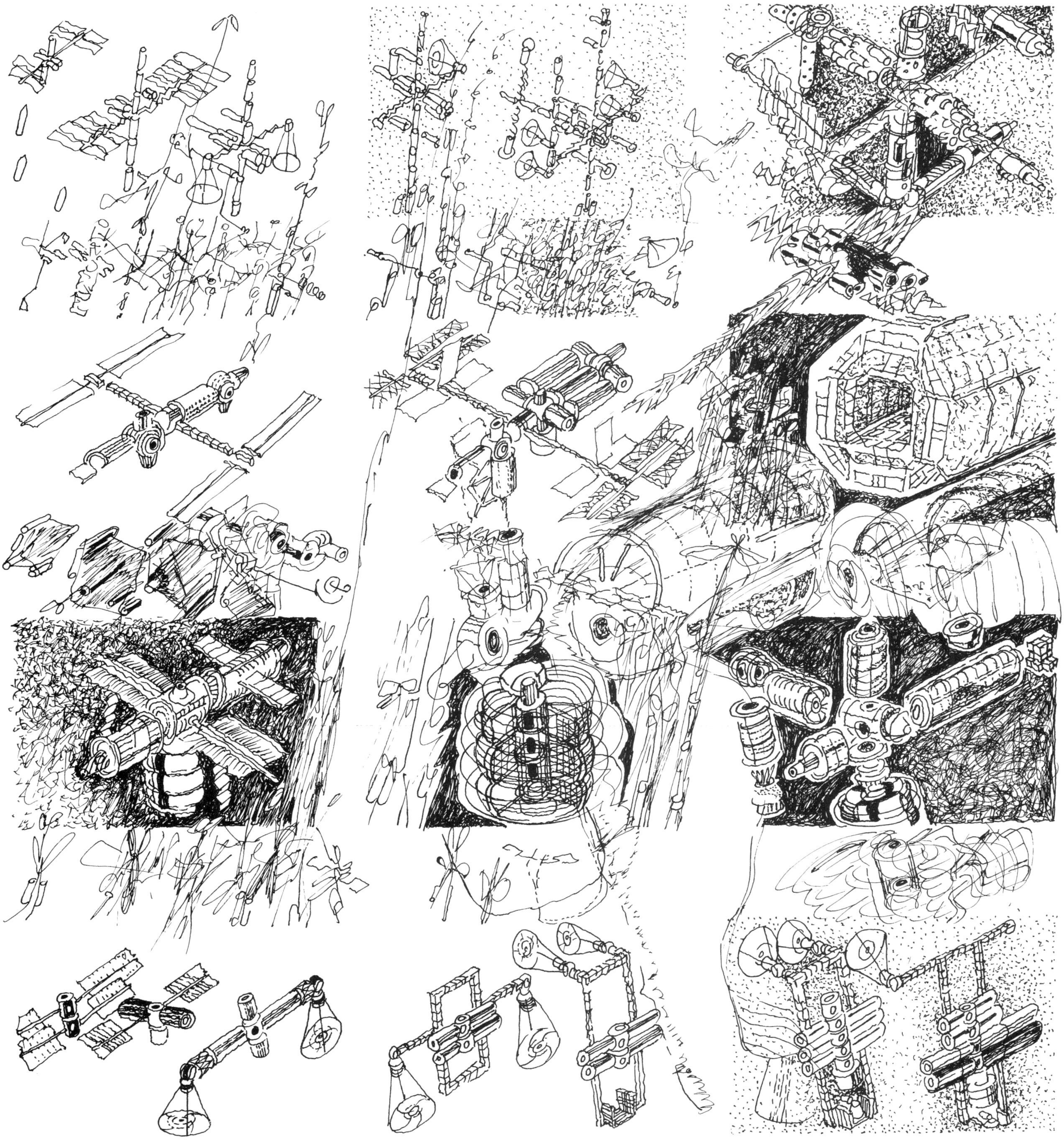

Zu den Strichen am Anfang: Sie sind auf der Suche nach den beweglichen Relationen, die immer wieder neu ins Verhältnis gesetzt werden, in einen konfigurativen Zusammenhalt, der bewertet, auswählt, akzentuiert, unterdrückt und dient, sie bleiben lange skizzenhaft, um zu optimieren – nachdem die Aufgabe aufgearbeitet ist.

Kapitel 1
Sich Schinkel erzeichnen

Das Monument des Lysikrates
– die Große Neugierde –
im Park von Glienicke.

Zeichnende Studenten.

Zeichnende Studenten skizziert.
21.5.1992

Das Monument des Lysikrates
in Athen (334 v. Chr.).

Die großen architektonischen Vorbilder sind ein Ansporn zum Zeichnen, in Berlin muß es Karl Friedrich Schinkel sein. Vor der Großen Neugierde im Schloßpark Glienicke lagern die Zeichnenden im Gras. Das Picknick, das für sie angerichtet ist, ist ein Picknick für die Augen. Sie werden es in Strichen einsammeln, aufs Papier bringen, nach Hause tragen. Der Gegenstand, den sie zeichnen, ist Gegenstand ihrer Reflexion. Dieses starre Wort setzt diejenigen, die zeichnen, in Bewegung, sie sind provoziert, surren und summen innerlich, rücken das Papier zurecht, setzen sich um, knoten die Beine umständlich, um dann doch das zu wagen, weswegen sie gekommen sind, den ersten Strich. Das unhörbare Surren und Summen heißt, sich eine Vorstellung machen von dem, was man sieht, dem man mit Ehrfurcht begegnet und das doch gebannt werden soll aufs Papier.

Der, der zeichnet, reproduziert nicht, er wählt aus, was er zeichnet, wieviel, in welcher Reihenfolge, der erste Strich, der zweite Strich, und endlich fangen die Hände an, über das Blatt zu tanzen. Nicht nachdenken, Eindrücke ins Unbewußte fallen lassen, körperlich agieren, große Sprünge, kleine Kritzel, weiter, weiter „nach der Beweglichkeit des Zeigefingers“, sagt Paul Klee. Dem sich selbst voranfühlenden Strich folgen, – dann zum ersten Mal hinschauen. Dann neu hinschauen, vergleichen.

Was da steht, ist das Monument des Lysikrates in Glienicke, das dem antiken Monument des Lysikrates in Athen angepaßt ist. Es besteht aus drei übereinandergestell-

Henri Michaux: „Wie ich schreibe, um etwas zu finden, so zeichne ich, um zu finden, um wiederzufinden, um ein eigenes Gut, das ich besitze, ohne es zu wissen, als Geschenk zurückzuerhalten.“

Rundlaube um eine Mittelsäule für Glienicke mit Lageplan.

Friedrich Wilhelm IV., 1835

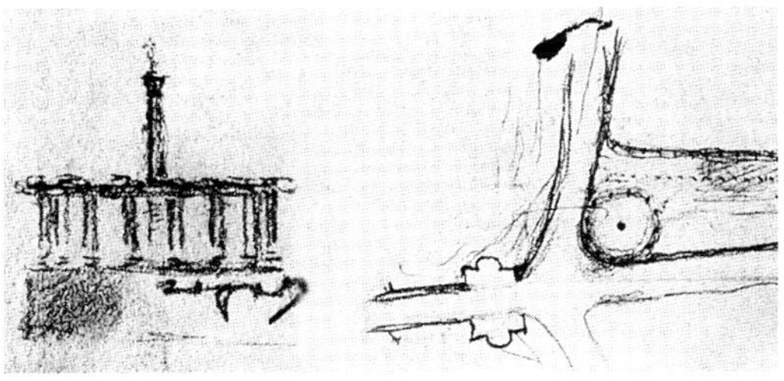

Drei von vier Varianten des Königs.

Entwürfe des Kronprinzen Friedrich Wilhelm IV. zu einem Rundbau in freier Landsschaft, 1835

Gezeichnete Vorstellung des Königs (Friedrich Wilhelm IV.) für das neue Monument.

Das Monument in der in Glienicke ausgeführten Form, Skizze des Kronprinzen Friedrich Wilhelm IV., 1835

Das Monument des Lysikrates von Karl Friedrich Schinkel.

Große Neugierde, Steinzeichnung nach Persius

ten Säulentrommeln, deren untere die Säulen weit abrückt vom Kern, deren mittlere die Säulen als Halbsäulen dicht an den Schaft preßt, deren obere sich als Dreifuß gebärdet. Und während die Übergänge von einer Trommel zur anderen jeweils aus Kegelstümpfen gebildet werden, steht das Ganze wiederum auf einem aufgeschütteten begrasten Kegelstumpf, es ermöglicht so die imaginierte Fortsetzung nach oben oder nach unten. Bevor Karl Friedrich Schinkel die endgültige Form zeichnete, hatte Friedrich Wilhelm IV. vielerlei Vorstellungen für eine „Rundlaube“ auf Serviettenrändern skizziert.

Es ist kein Zufall, daß wir uns gerade die „Große Neugierde" ausgewählt haben, die eigentlich nicht mehr ist als ein Aussichtsplatz, die aber doch etwas Besonderes ist; denn sie ist ein Bauwerk der Reflexionen, sie reflektiert die Antike als Erinnerung, sie reflektiert sich von Aufsatz zu Aufsatz selbst, sie reflektiert die Regeln der Komposition, durch die sie zustandekommt, sie reflektiert den Gedanken der nie enden wollenden Variantenreihe – und die Zeichnungen werden sie wiederum reflektieren im Medium der Striche.

Die Striche übernehmen die Eigenschaften dessen, was man sieht, sie treffen eine Auswahl der beobachteten Verhältnisse, sie folgen den vorgefundenen Verknüpfungen, sie sind geboren aus der Gestik der Hand, aus der Schwere oder Leichtigkeit des Handgelenks, aus dem körperlichen und seelischen Schwung an diesem ganz besonderen Tag. Die Proportionen entstehen aus der

Zeichnende Studenten.

Das Monument des Lysikrates, gezeichnet und nahe am Gegenstand.

23.5.1993

Das Monument des Lysikrates, abstrakt gezeichnet.

31.5.1993

Aus dem Monument des Lysikrates: Strichinseln isoliert.

Montage, Zeichnung vom 31.5.1993

Aktion, es sind neue, keine aus dem Gegenstand übertragenen Proportionen. Die Hand gibt dem Strich nach, und derjenige, der da sitzt und zeichnet, hängt seinen Gedanken nach, einfachen Gedanken, die Ankunft heute, den auf dem Arbeitstisch zurückgelassenen Entwürfen, den vorangegangenen Blätter vom Sonntag zuvor, den vielen Blätter von den vielen Sonntagen, immer wieder hier vor der großen Neugierde, die den Anstoß gab für die Blätter und die Gedanken.

Kann denn, so fragt sich der Zeichnende, ein Blatt überhaupt entstehen ohne Anstoß, ohne Provokation, kommt die Kunst, die man abstrakt nennt, ohne einen Gegenstand aus, von dem sie abstrahiert?

Ich will zeichnend reflektieren, sagt sich der Zeichnende, das heißt, ich will Striche finden, die mir den Gegenstand, die Eigenschaften des Gegenstands erklären, und deshalb ist mir eine vorgeblich ähnliche, an den Konturen hängende, rein illustrative Abbildung suspekt, ich nenne sie Kitsch.

Was geschieht nun auf dem Blatt, das eben gerade entsteht, was verwandelt sich wie? Die Horizonte, die das Bauwerk bildet, kann das Blatt wiedergeben, es schichtet sich so, wie die Architektur vor dem Zeichner. Die Räume, das Räumliche des Denkmals, verwandeln sich in ein ganz anderes Räumliches in der Zeichnung, das aus überlagerten Strichen, schweren und leichten Strichen, den Diagonalen und der Leere zwischen den Strichen entsteht.

Die Striche kreiseln, das Denkmal ist scheinbar verloren gegangen.

Auf der Exkursion: Besprechung der Zeichnungen mit den Studenten

Es ist schwer, sich aus der oberflächlichen Ähnlichkeit herauszuarbeiten und die Ähnlichkeit auf einer ganz anderen Ebene wiederzufinden.

Serviettenskizze, Studenten vor dem Monument des Lysikrates

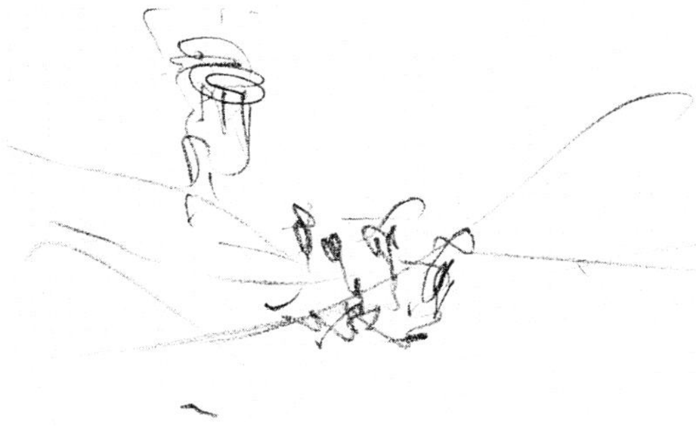

Die Blätter werden ins Gras gelegt. Methode: auf Distanz gehen, mit immer neuen Augen sehen, um sich zu korrigieren. Oder: den anderen das fremde Blatt erklären lassen.

Auf der Exkursion: Besprechung der Zeichnungen mit den Studenten

Oder: in den Spiegel halten. Welt verkehrt herum verdeutlicht Fehler.

Die Verführung des Bauwerks für den Zeichner ist groß, es gibt sich als Kostbarkeit, mit eindeutigen Umrissen, die Kanten umrandet, mit Gold verziert. Wie leicht wäre es, mit eingeübten schönen Strichen der Vorgabe einfach nachzueifern, das Ornament nachzubilden, das sich dem Auge und dem Stift geradezu aufdrängt – und ist es nicht die Sehnsucht des Zeichners, Ornamente auf dem Papier entstehen zu lassen? Doch das Blatt gibt dem nicht nach, es bleibt gewöhnlich, einfach, löst sich vom Einzelgegenstand und gibt dem größeren Zusammenhang der romantischen Landschaft den Vorzug, in der alles wie zufällig ausgestreut erscheint, die Brücke, die Schlößchen, die Pergolen, die künstlichen Ruinen. Und wo die Kunst darin besteht, dies alles, sorgfältig geplant wie zufällig erscheinen zu lassen, so wie die Striche auf der Zeichnung trotz ihrer reflexiven Kraft sich wie durch Schwerkraft ordnen und wie zufällig ineinander verstrikken sollen. Das ist der Lieblingsgedanke an diesem Sonntag. Und er läßt sich weiterdenken. Auch der gewöhnliche Strich, der Natur und Architektur in der Zeichnung gleich behandelt, so wie die Romantik Architektur und Natur gleich behandelt, kann in seiner Eigenständigkeit Zeichen bilden, Ornamente, wenn man so will, die nun gar nicht mehr der Ornamentik der Großen Neugierde entsprechen, die sich von ihr entfernt haben und die doch ohne sie nie zustande gekommen wären.

Pablo Piacasso: „Es gibt keine abstrakte Kunst, man muß immer mit etwas anfangen, nachher kann man alle Spuren der Wirklichkeit entfernen. Dann besteht ohnehin keine Gefahr mehr, weil die Idee des Dinges inzwischen ein unauslöschliches Zeichen hinterlassen hat."

Kapitel 2
Zeichnen heißt entwerfen lernen

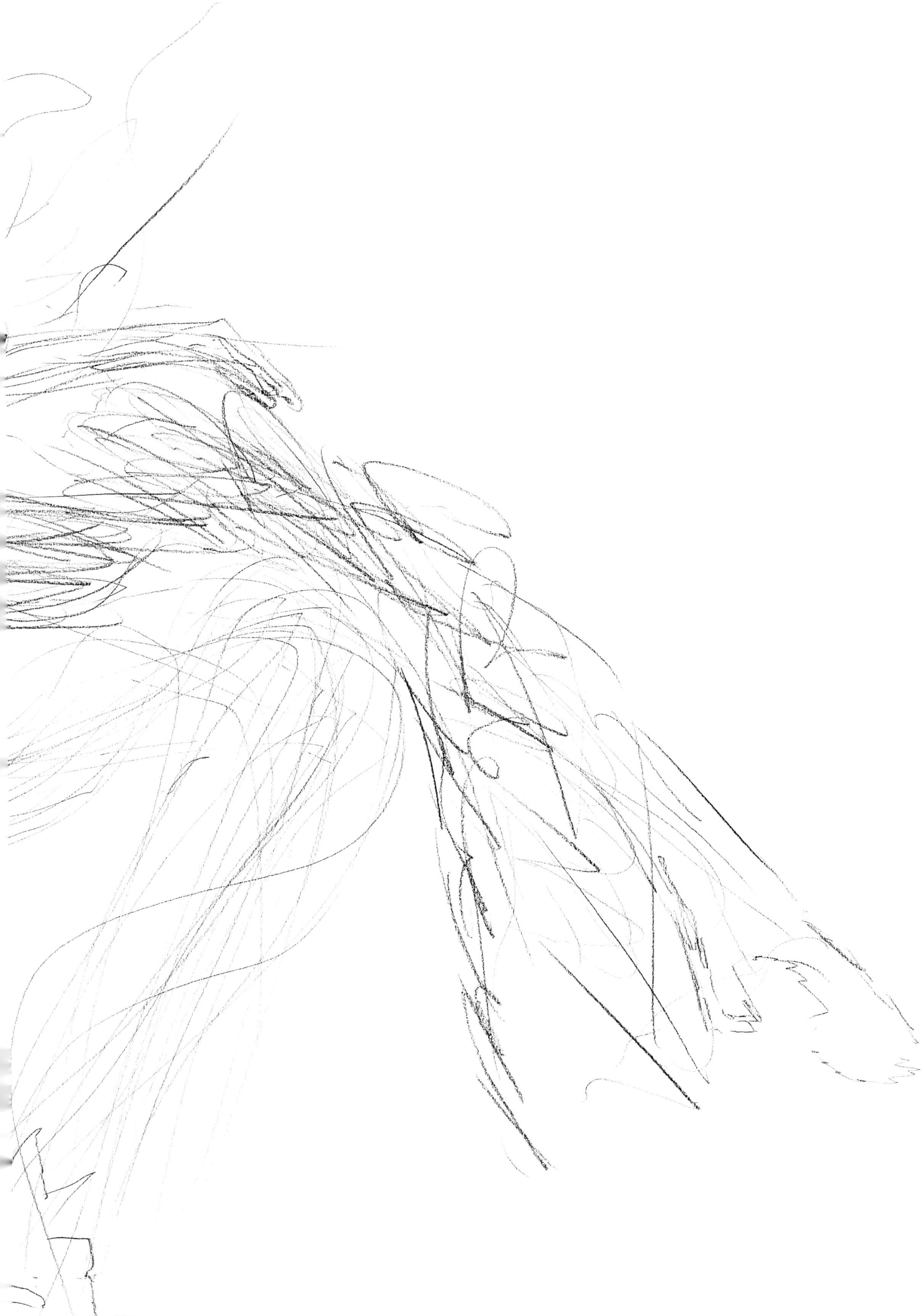

Zeichnen heißt anschauen, verströmen, sich Vorstellungen machen, auswählen, ins Unbewußte fallen lassen, reagieren, wie ein Tänzer, der sich zuerst eine Vorstellung macht, bevor er mit der Bewegung beginnt, sich in Schwünge fallen lassen, ganz körperlich, mit dem Zeichenstift schwer werden und wieder leicht werden, Spuren zurückbehalten, neu hinschauen, vergleichen.

Die Striche auf dem eigenen Blatt sind grundsätzlich durch den Verstand behindert, der schon verstanden hat. Direkt zu reagieren, aus dem Unbewußten, muß man immer neu einüben.

Wie kann man mit der Enttäuschung über die verlorene Schönheit am Anfang umgehen? Wie kann man lernen, das Unbewußte laufen zu lassen und es dennoch zu kontrollieren?

Musik im Aktsaal: Ein Swing, der sich anscheinend immer mehr beschleunigt, löst die Hand, fördert die Bewegungen beim Zeichnen, schiebt sich zwischen Zeichner und Gegenstand. Die Musik überdeckt das Kratzen der Stifte und rettet denjenigen, der Atem holt, zögert und wieder neu ansetzt, vor dem Strichgewitter des selbstsicheren Nachbarn.

Wir zeichnen Portrait.

Wir zeichnen Akt, wir zeichnen ein, zwei, drei Figuren.

Aktzeichnen an der Uni Stuttgart, jeden Donnerstag von 15 bis 18 Uhr

Wir proben den Rhythmus der Striche. Lassen uns von den Musikern inspirieren (und die sich von den Zeichnenden).

Auf der Suche nach dem Strich. Keine Angst vor dem Häßlichen.

Der Jazz ist aber mehr als Stimmung. Seine Struktur ist Inspiration für die Striche und Strichmuster.

So wie der Musiker über Improvisation Variationen seines Themas findet, kreiert der Zeichner improvisierend, d.h. suchend, Striche für sein Sujet, sein Thema. Und wie sich nach vielen Wiederholungen die unverwechselbaren Phrasen oder Standards aus diesen Improvisationen ergeben, sind auch dem Zeichnenden seine ganz persönlichen Strichantworten in die Hand geschrieben. Oder: So wie der Jazz die Variationen auf verschiedene Instrumente verteilt, so kann der Zeichner seine Interpretationen vom Gegenstand auf unterschiedliche Strichfamilien verteilen. Vorbild ist auch die Bereitschaft des Jazz zum Risiko unreiner Töne, wobei die Vorstellung dann immer ein Ganzes erbringt.

Also ruhig unklare Striche zu Papier bringen, aber weiterzeichnen. Oder geordnet, mit sorgfältig arrangierten Passagen anfangen, aber immer das Risiko eingehen, nicht zu wissen, wo man ankommt.

Schönheit und Genuß an der Schönheit einer Melodie.

30.1.1997

Stakkato der Strichmuster und der Striche; zusammengehalten durch die Figur und ihre Harmonie, ihren Ausdruck, aufgelöst in Phrasen, die die Improvisation entwickelt hat.

29.11.1996

Durch Improvisation sind Phrasen, Standards entstanden. Sie werden jetzt verteilt: eine Figur festgezurrt, die andere schaukelnd. Der Wunsch: Standards bereithalten, wie zur Erkennung. Der Strich sucht nicht von Anfang an alles neu.

2.2.1995

Die noch größere Aufgliederung in unterschiedliche Standards, die durch Improvisation gefunden wurden. Die erste Figur kommt mit wenig Bildfetzen aus, sie ist aggressiv, die zweite, die in der Mitte, eher ruhig und geduldig, die dritte sentimental.

30.11.1995

Wir zeichnen, um Eigenschaften zu beobachten, zu erkennen, zu isolieren, zu notieren, wir legen ein Repertoire der Regeln und ein Repertoire der Muster an, um darüber zu verfügen und es eines Tages in Architektur zu übertragen.

Striche hört man. Sie laufen in den Rhythmen der Hand übers Papier. Sie schleifen, stottern, sticheln, schaben, kratzen, wenn sie, aus der Hand geschüttelt, aufs Papier gelangen, wenn sie ganz persönlich, wie zum eigenen Vergnügen, Kontur annehmen, sie werden leise, wenn sie auf der Hose weiterlaufen, weil ihnen das Blatt nicht genügt ...

Wir entdecken: Striche; dann die Häufung der Striche, die Strichmuster also; weiter die Strichmuster, die dekliniert werden (die Varianten) und schließlich den Zusammenhalt der Strichmuster durch die Regeln der Komposition. Die Striche gerinnen zu ganz verschiedenen Strichmustern und sind doch durch eine übergeordnete Geste zusammengehalten.

Die Zeichnung enthält immer eine doppelte Schönheit: die Schönheit der einzelnen Strichmuster und die Zeichenschönheit des Zusammenhaltes der Strichmuster. Die Striche werden nur allmählich präziser und nehmen den Zustand der Eigenschaften an, die sie reflektieren und die die Augen zuvor gesehen haben. Also: nur Eigenschaften zeichnen, für die sich ein kongeniales Muster findet. Weglassen, was sich (noch) nicht in Strichmuster übersetzen läßt. Mißtrauen Sie dem schönen stummen toten Strich.

Einfache Strichwirbel, aufgebläht, sich aufrichtende Knäuel, von unten gezogene Schlaufen, schaukelnd, noch lasch.

6.2.1992

Differenzierte Strichinseln aus knappen Bewegungen, aus gestoßenen Strichen, aber schlaufig verbunden.

14.2.1991

Verschiedene Strichmuster, zusammengehalten durch Verdrehungen, die sich nach oben schrauben.

3.2.1994

Wenige ausgewählte Strichmuster, fast Strichornamente, die ihren Zusammenhalt finden im drehenden sich Aufrichten.

3.2.1994

Die Zeichnung wird durch das Weglassen von Möglichkeiten, durch das Herausfiltern von unpräzisen Nebengeräuschen, durch Abstrahieren, allmählich in eine immer präzisere Zeichnung überführt, die schließlich mit immer weniger Strichen auskommt. Die wenigen Striche schaffen Leere, vibrierende Leere.

Zur Skizze am Anfang: Die Striche wissen noch nicht, was sie wollen. Am Anfang dürfen sie ganz häßlich sein, unsicher suchend. Sie sind aus der Gestik der Hand geboren, sie sind beeinflußt vom Licht, das auf das Papier fällt, von der Geschwindigkeit der Hand, von ihrer Müdigkeit. Die Proportionen entstehen aus der Aktion. Erst allmählich, erst wenn viele Blätter dasselbe Thema variieren, wird durch das Weglassen von Möglichkeiten, durch das Herausfiltern von Nebengräuschen, durch Abstrahieren, die Zeichnung immer präziser. Wir kommen dann mit weniger Strichen aus. Die wenigen Striche schaffen Leere, vibrierende Leere.

Grobe Striche am Anfang, die die Konturen abtasten.

24.4.1996

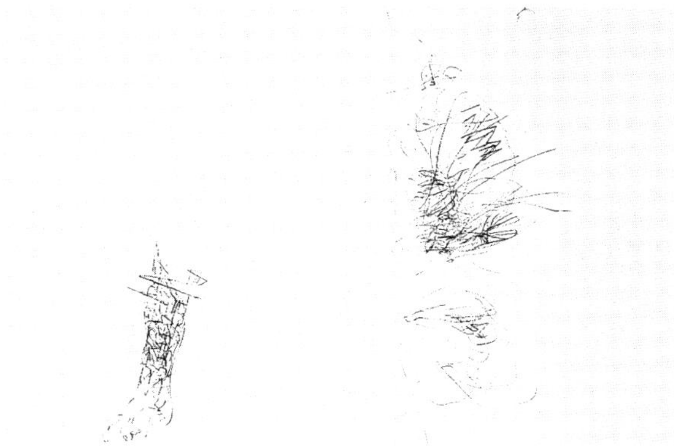

Wenige Strichmuster, isoliert.

3.11.1996

Immer mehr Strichmuster ...

3.11.1996

Viele Strichmuster, gewonnen aus dem Tonus des Sitzens, verdeutlicht, gesteigert, übertrieben – und wieder zusammengehalten durch die Gestik des Sitzens.

3.11.1996

Mit Hilfe der Skizze Eigenschaften entdecken, akzentuieren und Strichmuster isolieren.
Die Schönheit der vereinzelten Muster genießen.
Für Architekten: Eigenschaften sammeln, die abstrakten Strichmuster notieren, wie ein absichtslos gezeichnetes Vokabular. Die Striche können präziser sein als das Wort. Vorbilder für alle Fälle.

Wir beginnen mit dem kleinsten, dem Strich. Wir halten uns an Paul Klee, wir versuchen, so genau zu werden wie Paul Klee. Also: Dem Strich alles zutrauen. Striche vorübergehend isolieren. Sie vorsichtig wieder verflechten und sehen, was geschieht. Sich klar machen, wie viele Regeln allein schon in vier verschiedenen Verflechtungen (Durchdringungen) zweier bewegter Linien enthalten sind. Paul Klee spricht von aktiven Linien.

Dann Strichmuster entdecken: Das Knäuel der Striche und die ordentlich (gewickelten) Striche um ein Zentrum.

Dann eine Zeichnung betrachten und entdecken: sie setzt sich zusammen aus Strichmustern verschiedenster Art, deren Bewegung und Dichte, deren Betonung und Verkümmerung vom Gegenstand der Darstellung bestimmt werden.

Also Zeichnungen doppelt betrachten: als Darstellung eines Gegenstandes mit bestimmten Eigenschaften und als Ansammlung von Strichmustern mit eigenen Eigenschaften.

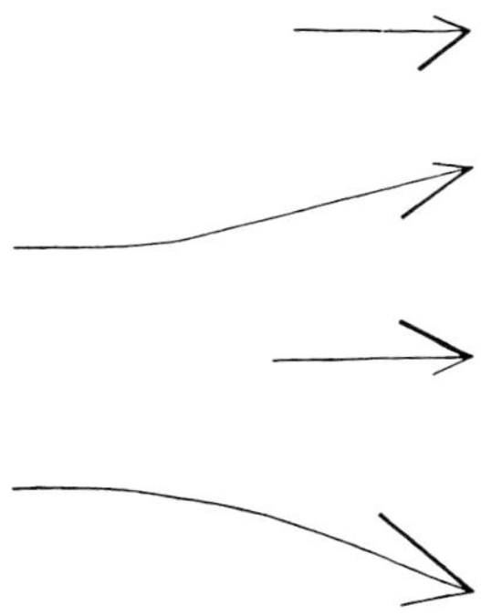

Das erste: der einzelne Strich. Isoliert und dennoch schon mit Eigenschaften versehen. Hier, in einem Lehrbeispiel von Paul Klee bedeuten die Striche Richtung, Energie. Sie können klarer sein als das gesprochene Wort.

Paul Klee, o.T., nach Spiller

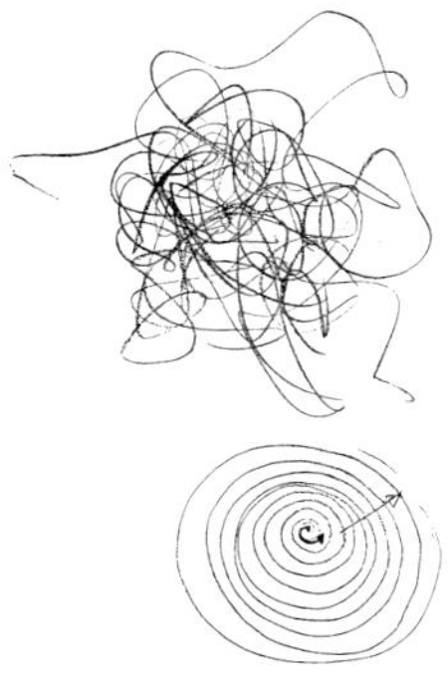

Die Striche verbündeln sich zu Strichmustern. Hier: Ein chaotisches Knäuel und eins „kosmisch gewickelt".

Paul Klee, o.T., nach Spiller

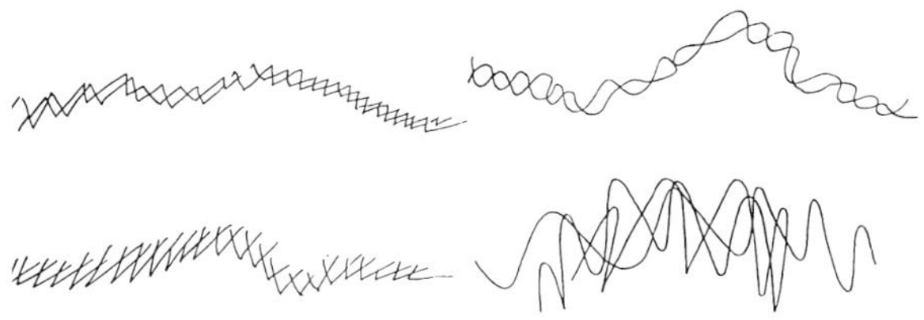

Die Strichmuster überlagern sich und bilden neue Zusammenhänge. Sie sind regelhaft dekliniert und bilden Varianten. Hier werden Wellenbewegungen (in Varianten) von einer hinzukommenden Wellenbewegung überlagert. Die hinzukommende Regel formt schrittweise neue Beweglichkeiten aus. Die parallelen Linien sind die Strichmuster, die hinzukommende Welle hält zusammen.

Paul Klee, o.T., nach Spiller

Die Zeichnung enthält eine doppelte Schönheit: die Schönheit der Striche und die Schönheit des Zusammenhaltes. Hier: Die verknoteten, verkümmerten Gesten (Strichmuster) werden durch das Sujet 'Brustbild' zusammengehalten.

Paul Klee, hässliches Kind, 1929

Fritz Schumacher: „Für das, was der Schaffende zur architektonischen Klärung braucht, genügen ihm meist anspruchslose Linienzüge, die auf den Unkundigen wenig Wirkung ausüben."

Striche bilden das, was man sieht, nicht ab, sie reflektieren es; sie übernehmen die Eigenschaften des Gesehenen, seine Verknüpfungen; sie stehen stellvertretend für den Gegenstand, den sie aufs Papier bringen.

Also: hinsehen, Spuren sichern, Verhältnisse entdecken, Eigenschaften auswählen, Formen weglassen, die Gesten ausdörren, als dünne Linien aufs Blatt werfen, sie als graphische Chiffren lesen, selbst graphische Chiffren hervorbringen.

Eine Kranke im Fauteuil. Unsichere, schwankende Striche wie die zittrigen Gesten einer Kranken. Die Kranke ist doppelt anwesend: einmal als sitzende Figur im Sessel und einmal in den unsicher gestikulierenden Strichen. Weil der Strich so deutlich gestikuliert, schwindet die Kranke als Figur, unmerklich.

Paul Klee, Kranke im Fauteuil, 1909

Austretendes Pferd, getroffener Reiter. Die Zickzacktritte, durch eine Häufung von verstärkten Strichbündeln abgestützt, sticheln auf die diffusen Gesten der fallenden und fußverwackelten Strichwirbel ein.

Paul Klee, ausschlagendes Pferd, 1932

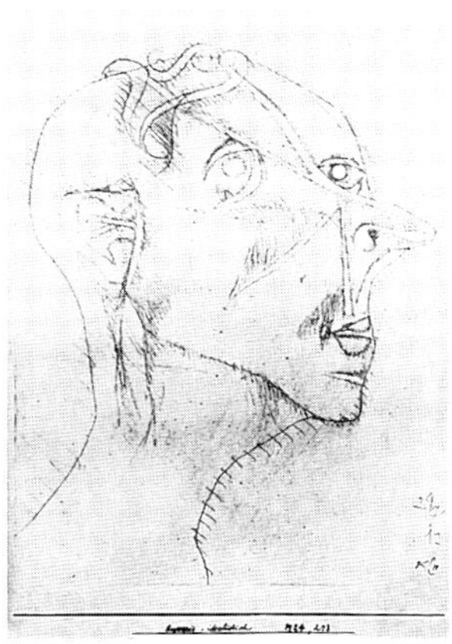

Hypokris idealistisch: Eine Ansammlung eitler Ornamente. Ihr Charakteristikum ist der parallele Doppelstrich. So entstehen Geschlinge, Kreise und Halbmonde. Sie bilden ein Gesamtsujet, das vorgibt, ein Portrait zu sein. Beim genauen Hinsehen schwindet die naturhafte Figürlichkeit. Wo war doch gleich der Mund?

Paul Klee, hypokris-idealistisch, 1924

Gebündeltes Sich-Aufrichten, nach oben sich aufplusternd, Diagonalen, die sich hinlegen, kurze wellige Striche regnen herab. Strichornamente werden geboren, die Körperlichkeit schwindet.

10.2.1994

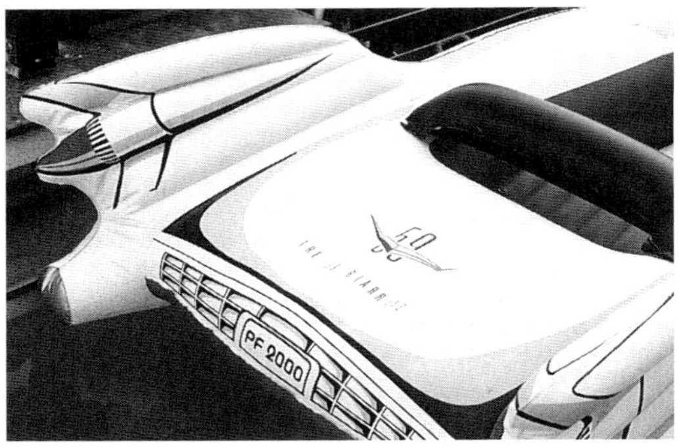

Hier: ein Automobil. Aber vereinfacht. Der Cadillac sixty-two als Gonflable.

Die Schwangere von Klee; von innen „schwer befruchtet“. Die Striche wiederholen das eindringlich.

Paul Klee, schwer befruchtet, 1934

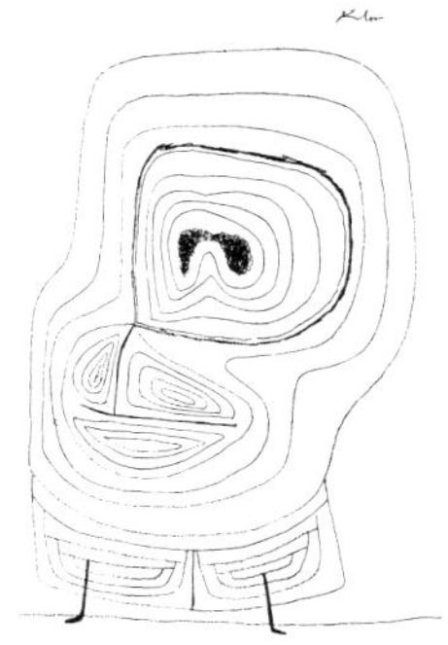

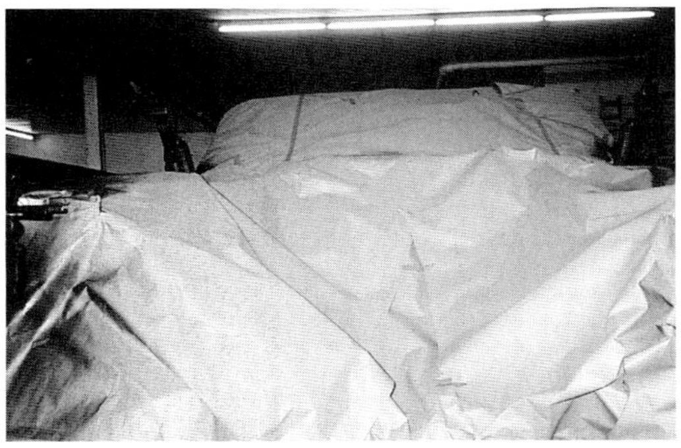

Beim Lackierer: Schwerelos durchdringen sich geknitterte Wellenbewegungen unterschiedlicher Dichte.

Knittrige Striche von Paul Klee reflektieren zerknitterte Verfaltungen. Er nennt das das „Ineinandergreifen der Gesamtfunktionen“.

Paul Klee, Frei gestalteter polyphoner Organismus, undatiert

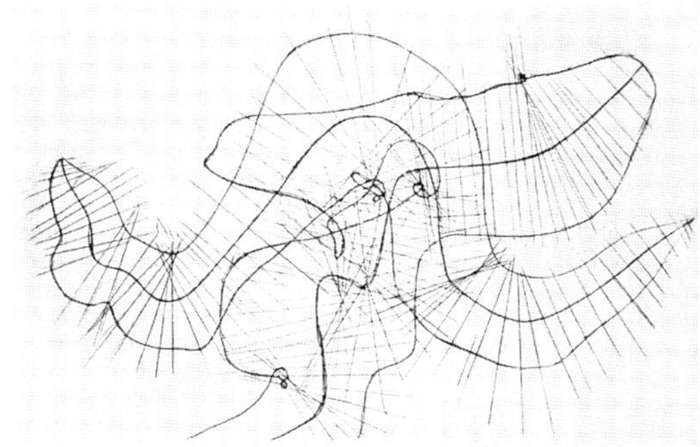

Da liegt der Cadillac als Schrotthaufen; isolierte Teile, unverständliche Teile, die nichts vom ursprünglichen Zusammenhang behalten haben.

Hexentanz aus Einzelteilen.

Willem De Kooning, Untitled, um 1975/80

Der Motor erzählt vom Zusammenhang der Einzelteile durch ihre Funktionen, vom sich Fügen in einen Organismus.

Einzeln reflektierte Gesten: sich aufrichten, Bein fallen lassen; zusammengehalten durch die Logik der sitzenden Haltung. Der Gesamtorganismus wird deutlich.

24.3.1996

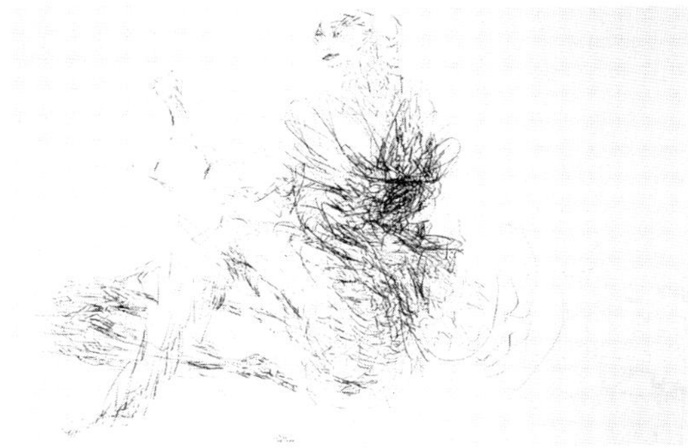

Wie kann ich die Methode, Eigenschaften zu erkennen und zu notieren, fördern? Ich wähle einen Gegenstand, der selber viele Zustände annehmen kann, hier ist es ein Auto. Die vielen überraschenden Zustände erleichtern die unterschiedlichen Beobachtungen und verführen zu überraschenden Notizen.

Schwankende Pappeln, schwankende Striche von Klee.

Paul Klee, Allee-Bäume, 1934

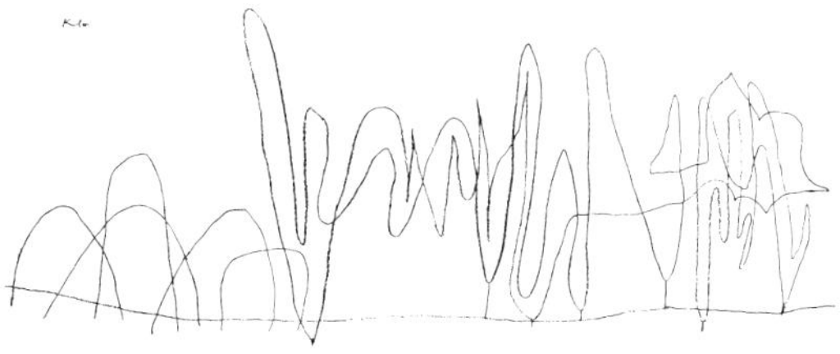

Schwankende Stahlschirme.

Uhl, Hochregallager, Blumberg, 1993: Stahlkonstruktion im Rohbau

Fliehend fallende Striche.

Paul Klee, Fliehende sieht zurück, 1939

Fallende Profile, ein schiefer Tisch für zukünftige Röhrenbündel. Die Schrägstellung verdeutlicht Abrutschen.

Uhl, Hochregallager, Blumberg, 1993

Sich aufrichtende Figur, sich aufrichtende, schlaufige Striche, aber am Blattrand festgemacht.

15.2.1992

Schaukelndes Vordach, durch Zugstäbe festgezurrt.

Uhl, Verwaltungsgebäude Nonnendammallee, Berlin-Siemensstadt, 1991: Vordach

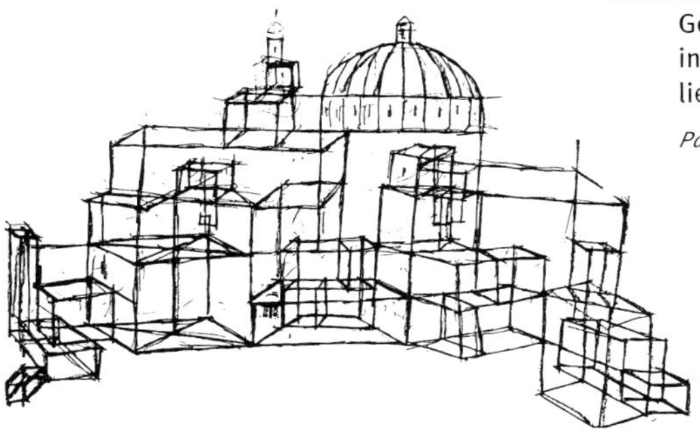

Gleichzeitigkeit im räumlichen Gefüge. Die Striche stehen ineinander. Die Kapellen verlieren ihre Materialität.

Paul Klee, Santa A in B, 1929

Gleichzeitigkeit von Innen und Außen, im Ausschnitt kaum zu entziffern.

Hardy Pfeiffer Holzmann: Columbus Occupational Health Center, Columbus, Indiana, 1974

Wir suchen Eigenschaften, um sie wieder zu verwenden, um sie in zukünftigen Architekturtypologien wieder aufblühen zu lassen. Jetzt stelle ich die notierten Eigenschaften an den Anfang, isoliere sie, suche nach Architekturtypen, denen dieselben Eigenschaften zu eigen sind.

Zeichnen heißt Abstrahieren lernen. Die Methode: Losgehen, ein großes Blatt mitnehmen, eine feste Unterlage. Ein mittelweicher Stift fördert präzise Striche, der Radiergummi ist außer Griffweite. Sich hinhocken und hinsehen. Sich auf Höhensprünge einstellen, sich provozieren lassen durch Ungewöhnliches oder Regelhaftes, hier sind es die Pfeiler-Riesen, die aufmarschiert sind, die aber nichts tragen dürfen, durch die Säulen, die aus der Reihe tanzen, sich wundern über die abgebrochenen und auf die Mauer hochgestellten halben Säulen am Fuße der Anlage. Mit der Handbewegung die Rhythmen der verschiedenen Etagen nachempfinden, aber immer noch abgehoben vom Blatt, noch nicht zeichnen.

Dann erst mit dem Blatt an die Bewegung der aus der Hand geschüttelten Gesten heranrücken, Spuren in Graphit zurücklassen (nicht radieren). Nicht hinschauen, sondern an dem, was provoziert, mit den Augen hängenbleiben, weiter zeichnen, erst dann die Schwünge auf dem Blatt vergleichen. Neu hinschauen und weitertreiben. Von Blatt zu Blatt werden die Schwünge immer deutlicher, immer knapper, wie Hiebe.

Das Kasino von Karl Friedrich Schinkel im Park von Glienicke.

Das Kasino in Glienicke noch illustrativ gezeichnet.

12.7.1992

Schon klarer, geklärter.

9.8.1992

Noch klarer. Nur noch rhythmisch geordnete, abgehackte, gestoßene oder geschriebene Striche. Die Kontur weicht zurück, Strichfiguren fallen auf.

16.8.1992

Abstrahieren heißt: schrittweise immer mehr vordergründige Kontur weglassen, durch die Oberfläche hindurchsehen wie durch Glas und die Kräfte im Hintergrund aufspüren. Sich zeichnerisch auf diese ordnenden Kräfte einlassen und sie als Linien notieren. Das Zeichnen gibt den methodischen Weg vor: erkennen und wiedergeben, isolieren und reproduzieren von Eigenschaften, ein Repertoire ansammeln, feste Konturen auflösen, aber im Sinne des Gegenstandes wieder zusammensetzen ...

Warum als Architekt den Eigenschaften hinterherjagen und sie zeichnen?

Von der „Poesie der Lebensformen" (Posener) besessen sein, Erlebnisfähigkeit schüren, die unabsichtlichen oder auch schon absichtlichen Inszenierungen von Orten erkennen und genießen, strukturell Ähnliches sehen, Differenzen wahrnehmen, Entwicklungsschritte imaginieren, ...

... um alle Erlebnisse weiter zu verwenden für den Entwurf, mit vollen Händen auswählen zu können und die Eigenschaften in zukünftigen Architekturtypologien wieder aufblühen zu lassen wie japanische Papierblumen, die man ins Wasser wirft. Entwürfe, „lebendanregend", formuliert Schinkel.

Nachdenklichkeit im Caféhaus löst einen Gedanken aus, der schon länger gärt. Ein Haus mit Schopf soll her, am Dachrand wie hochgebürstet, in geschüttelten Handbewegungen festgehalten auf der Serviette. Die Skizze aus dem Augenblick bedeutet auch Einschränkung, Ausschluß von vielem anderen.

Uhl, Serviettenskizze, 1984

Dann folgen noch viele andere skizzierte Möglichkeiten.

Uhl, Baukörpervarianten in Skizzen, 1984

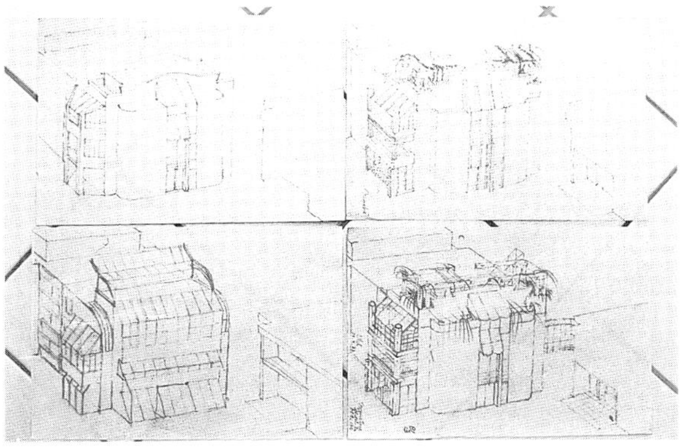

Sie werden zum Plan ...

Uhl, Handschriftliche Planzeichnungen, 1984

... Das fertige Haus in Lichterfelde, dem man etwas von den vielen Möglichkeiten am Anfang noch immer ansieht.

Uhl, Kleines Wohnhaus in Berlin-Lichterfelde, 1984–85

... und es führt in ähnlichen Schritten (hier verkürzt) von der ersten skizzierten Vorstellung, die sich immer weiter verfestigt, die einzelne Eigenschaften betont, andere auf dem Weg verliert ... zurück zur Kontur des fertigen Hauses. So kommt es: Zeichnen lernen heißt entwerfen lernen.

Kapitel 3
Abstrahieren: Die Entdeckung der zerbrechlichen Bewegungsformen

Wenn etwas (real) beweglich ist wie ein Körper, bildet es in jedem Augenblick eine andere Bewegungsphase ab. Diese Bewegungsphasen nenne ich Gesten. Oft sind es vertraute, ausdrucksvolle Gesten. Sie setzen sich zueinander immer neu ins Verhältnis. Ich spreche von beweglichen Relationen.

Die Relationen können sich im Gleichgewicht halten. Dann scheinen sie äußerlich unbeweglich. Aber das Gleichgewicht ist fragil, gefährdet. Agile Ruhe. Klee spricht von Bewegungsformen und gibt damit eine besondere Art des Sehens vor, die die Starrheit der Gegenstände aufhebt, die alle Formen wie Formen in Bewegung sieht und wie Momentaufnahmen von flüchtigen Zuständen festhält, auch die anscheinend versteinerten.

Abstraktes ist ganz vertraut. Hier spiegeln sich Stahlprofile einer Hallenkonstruktion in einer Pfütze auf der Baustelle. Der bizarre Rahmen schränkt auf wesentliche Gesten ein. Imagination rundet ab.

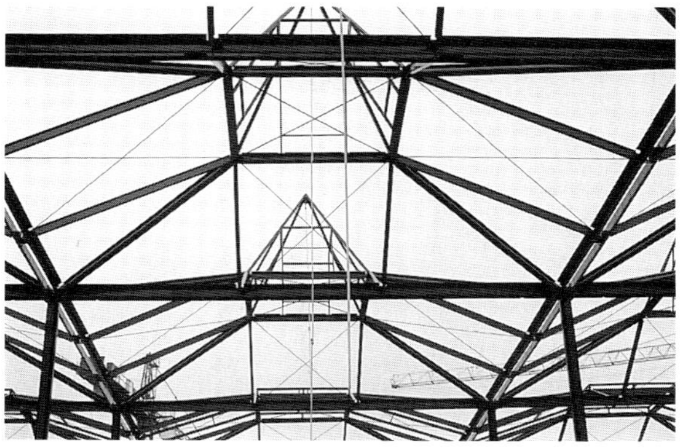

Das Stabwerk deutet die Konturen der zukünftigen Pyramidenflächen an; auch ohne Hülle sind sie gegenwärtig. Die geschulte Vorstellung denkt zu Ende. Das in Stäbe aufgelöste räumliche Tragwerk bildet konkret gewordene Relationen im Gleichgewicht. Alle Bauteile sind sichtbar aufeinander bezogen.

Uhl, Hochregallager, Blumberg, 1993:
In Stabwerk aufgelöstes Flächentragwerk

Die Pyramidenform faßt die Relationen ornamental zusammen und spiegelt die Regeln wieder, die die Formen erzeugen – wenn man gelernt hat, in festen Formen die beweglichen verursachenden Regeln zu erkennen.

Uhl, Hochregallager, Blumberg, 1993:
Pyramiden/Dachflächen und Entrauchungshauben

Ausgedörrte Bugspitzen in Metall, die noch nie ein Boot gesehen haben, schenken die Illusion einer ganzen Armada von Havelschiffen. Das ist Erlebnis von Abstraktion. Das unbewußte Hinschauen vollendet.

Schloßpark Sanssouci, Potsdam:
Römische Bäder

Johann Gottfried Schadow: „Zeichnen ist Weglassen."

Abstrahieren heißt: nur diese beweglichen Gesten, die die Teile in Beziehung setzen, abbilden, stärker oder schwächer differenziert hinsichtlich der materiellen Bedingtheiten der Gesten und alles andere, alles, was ablenkt, weglassen. Das sieht man den Zeichnungen an, wenn sie immer differenzierter, immer feingliedriger zerlegen und dann mit immer weniger und immer sparsameren Strichen auskommen. Erkenntnis hat die Ungenauigkeiten mit der Zeit abgestreift.

Im Querschnitt der Mauer Bewegungsformen sehen? Ganz einfach: der Sockel ist dicker, steht nach beiden Seiten über, darüber die schlanke Wand mit den Öffnungen in der Mauerkrone. Unsichtbar: das Fundament und die bröckeligen Steine unter dem geglätteten Putz. Sie müssen nach Schwerkraft gelegt sein. Ins Auge fallend: die Schichten des Natursteinmauerwerkes, die sich in abtreppende Schichten zerlegen lassen.

In den abstrahierenden Zeichnungen haben die Striche hinter den undurchsichtig steinernen Formen der Mauer die ganz zerbrechlichen Bewegungsformen gefunden. Sie machen das „Ursächliche“ sichtbar, im Gegensatz zum „Wirklichen“ (Klee). Sie erzählen von den Relationen. Von Blatt zu Blatt bleibt weniger Umrandung, weniger vertraute Kontur. Die agierenden Striche lassen immer mehr Raum zwischen sich, bilden mit immer weniger Aufwand die inneren Kräfte ab, das innere Bewegungsspiel der Außenformen, die doch so versteinert aussehen.

Was provoziert den Rhythmus der Striche? Eine steinerne Mauer mit einer angehobenen Konche und Sitzstufen und halbrundem Dach. Im Vordergrund, fast schon wie in die agierenden Kräfte zerlegt, die gebogenen Metallprofile einer Pergola.

Schloßpark Glienicke: Böschungsmauer mit Stipadium (Persius, 1840)

Die liebliche Zeichnung, die illustrativ von der Atmosphäre des Ortes erzählt. Sie wählt noch nicht aus, nimmt alles mit, was man so sehen kann.

21.6.1992

Agile Striche reflektieren die anscheinend jetzt ganz beweglich gewordenen Gesten der sonst so starren Steinformen.

3.7.1994

Sie überführen sie in vibrierende Strichmuster und spiegeln mit immer weniger Strichaufwand: treppelnde Treppen, swingende Nischen, flatternde Netze der Nuten im Putz, stichelnde Hiebe der Vorsprünge.

16.8.1993

Max Liebermann: „Denn wie der Stift williger den Intentionen des Künstlers folgt, so gibt die Zeichnung einen mehr unmittelbaren Eindruck in sein Schaffen. Die Frische der Zeichnung geht leider nur zu oft unter der langen Arbeit und der Schwere der zu bewältigenden Öltechnik verloren. Freilich stellt die Zeichnung größere Ansprüche an die mitwirkende Phantasie des Beschauers, weil in ihr das, was der Künstler hat ausdrücken wollen, nur angedeutet ist. Aber erst wer in die Hieroglyphenschrift der Zeichnung eingedrungen ist, wird das vollendete Kunstwerk ganz verstehen.“

Was kann mehr agile Ruhe widerspiegeln, als die zerbrechlichen Bewegungsformen einer Wassersäule. Die Wassersäule richtet sich spiralig auf, oben verzögert sich der Strahl, wackelt, kreiselt unsicher und zerfällt, fällt herunter und bildet eine kreisrunde Pfütze, in deren Mitte der Strahl gebündelt wieder aufsteigt.
Sie wird zum Vorbild für ein Haus.

Eine Wassersäule: Sie richtet sich spiralig auf, oben verzögert sich der Strahl, wackelt, kreiselt unsicher und zerfällt, fällt herunter und bildet eine kreisrunde Pfütze, in deren Mitte der Strahl gebündelt wieder aufsteigt.

Uhl, Vorplatz Verwaltungsgebäude, Berlin-Siemensstadt, 1991: Wassersäule

Die Übertragung auf Architektur, für Architekten nicht überraschend: Ein Haus steht wie die Wassersäulen ...

Uhl, Wohn- und Geschäftshaus, Haubachstraße, Berlin-Charlottenburg, 1981–85

Es ist in den Seitenteilen unten festgemacht, eingespannt, die Glasprofile fallen in der Mitte verwackelt nach unten ...

Uhl, Wohn- und Geschäftshaus, Haubachstraße, Berlin-Charlottenburg, 1981–85

... oben zerlegt sich das Haus in viele Teile: schräg fallendes Glas, vorgewölbte (kreiselnde) Erker, Haken, die ein Pflanzgerüst ergreifen.

Uhl, Wohn- und Geschäftshaus, Haubach straße, Berlin-Charlottenburg, 1981–85

„Der Gegenstand erweitert sich über seine Erscheinung hinaus durch unser Wissen um sein Inneres. Durch das Wissen, daß das Ding mehr ist, als seine Außenseite zu erkennen gibt. Der Mensch seziert das Ding und veranschaulicht sein Inneres an Schnittflächen, wobei sich der Charakter des Gegenstandes ordnet nach Zahl und Art der notwendigen Schnitte. Das ist die sichtbare Verinnerlichung, teils durch das Mittel des einfach scharfen Messers, teils mit Hilfe feinerer Instrumente, welche die materielle Struktur oder materielle Funktion klar vor Augen zu bringen vermögen."

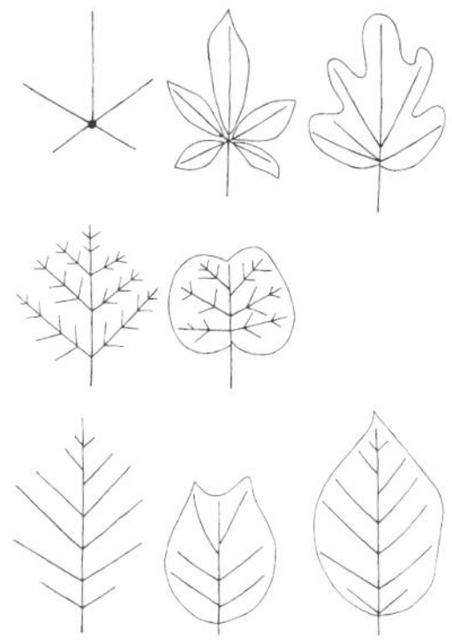

Zur entstehenden Flächenform:
„Das gesetzmäßige Erkennen der Energien formbildender und formgliedernder Natur dient als Grundlage zur Gestaltung von freien oder zusammengesetzten Formen."

Paul Klee, o.T., nach Spiller

Eine Figur steht, wirft den Kopf zurück.

24.1.1991

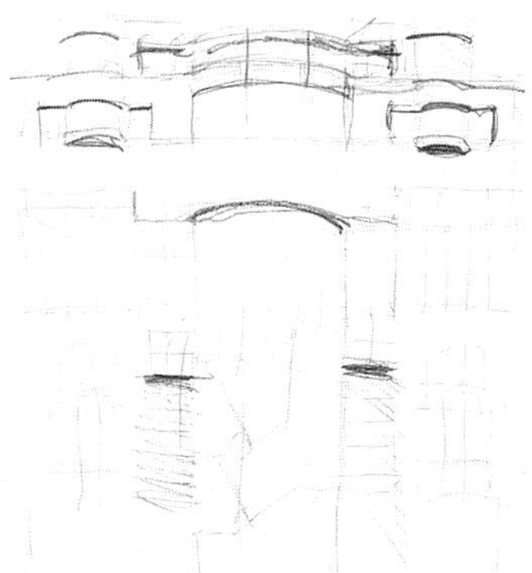

Die Entwurfsskizze leiht sich die Geste der Figur aus. Ein Haus steht und wirft den Kopf zurück.

Uhl, Wohn- und Geschäftshaus, Haubachstraße, Berlin-Charlottenburg, 1981–85: Skizze

Ein Portrait. Wer hinsieht, entdeckt die Geste der schauenden Augen in der Skizze oben wieder. Sie überlagert die stehende Figur.

Uwe Rau, aus einer Multivision mit Martina Düttmann, 1976

Also: In den Formen das Ursächliche sehen, die Spuren der bewegenden Kräfte sehen lernen.
Sie zu erkennen heißt, die Formen verstehen zu lernen.

Die Striche in einer einzigen Zeichnung können das Spiel mit unterschiedlichen Abstraktionsgraden nutzen, um die Spannweite zwischen der Verständlichkeit vertrauter Konturen und Proportionen und der vielfachen Lesbarkeit der abstrakten Gesten auszuspielen. Ich nutze immer wieder als Schlüssel zur Verständlichkeit einer Zeichnung die vertrauten Strichmuster eines Kopfes oder der Hände. Sie sind ein Anfang, um weiterzusuchen nach den ganz abstrakten Strichen, die ohne Nebengeräusche die differenzierten Eigenschaften direkt und ganz präszise abbilden.

Eine Zeichnung, die unterschiedliche Abstraktionsgrade ausspielt. Strichmuster reflektieren abstrakt Eigenschaften, finden dabei neue Proportionen, oder nähern sich im Bewegungsspiel den vertrauten Proportionen an. Die haltlos explodierenden Wirbel müssen sich auf den Beinen halten. Eine Kette von sich aufrichtenden Figuren. Vertraut sind die Strichmuster des Kopfes und der Hände.

4.3.1996

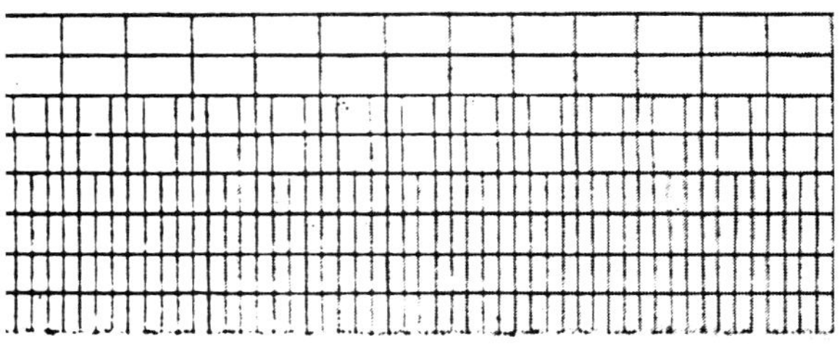

Aufrichten von Metallprofilen: Der Zaun ist interpretierbar als eine abstrakte Variante zu sich aufrichtenden Gesten in der Reihe, die schrittweise lagernde Schichten tragen. In der Zwischenzone ist „Tragen" und „Getragen-Werden" ambivalent und also mehrfach lesbar.

Schloßpark Glienicke: „Unsichtbares" Gitter nach englischem Vorbild, Schinkel, 1827

Die Fassadenprofile der Halle nutzen diese Regel. Sie richten sich auf, überlagern in den Zwischenschritten das Tragen und das Getragenwerden, darüber bändern horizontale Schichten. Die Farbigkeit unterstützt die Ambivalenz. Die Linien sind angereichert um das Wechselspiel zwischen breiten und schmalen architektonischen Profilen.

Uhl: Hochregallager, Blumberg, 1993: Süd-West-Fassade mit wechselnden Profilen

Das noch reichere (oder umgekehrt, das noch nicht so stark abstrahierte) Wechselspiel der sich verräumlichenden konstruktiven Profile. Eindeutig zuerst, weil die starken Gesten der herausgestellten Fassade die Abstraktion dominieren. Auf den zweiten Blick sind die Profile vieldeutig.

Uhl: Hochregallager, Blumberg, 1993: Süd-Ost-Fassade, herausgeklappt, mit Unterlicht

Aufgabe: Zeichnungen anfertigen, die mehr oder weniger abstrakt sind; das Abstraktionsgefälle thematisieren, mit Zeichnungen beginnen, die mehr vertraut sind, weil sie abbilden, was man sieht, die mehr atmosphärisch bleiben und gefällig sind. Dann Zeichnungen erproben, die abstrakter sind, weil die Striche die Eigenschaften annehmen, die sie reflektieren. Nicht enttäuscht sein, am Anfang sind es häßliche Striche, weil sie noch nicht so recht gefunden sind.

In den verschiedenen Medien brechen sich die abstrakten Eigenschaften immer anders. Ein Zweig knickt faserig und bricht, ein Schlauch biegt sich weich, wird rund, Blech kann unterschiedlich bearbeitet werden, es biegt sich rund oder knickt scharfkantig, der Strich knickt ohne Widerstand.

Es macht Spaß, die abstrakten Regeln und die durch die Materialität bedingten Nuancen ihrer Ausprägung zu beobachten, zu vereinzeln und in verschiedenen Medien mit oder gegen die Logik des Materials zu brechen, zu deklinieren.

Gebeugtes Knie, vertraut. Striche reflektieren Abknicken ... Zitternde Knie, nie ganz ruhig.

12.12.1991

... überführt in ein Profil, das sich streckt und einen Fuß abknickt. Als endgültig abgekantetes Doppel-T-Profil ist es nicht mehr beweglich.

Uhl, Vorplatz Verwaltungsgebäude, Berlin-Siemensstadt, 1991: Behindertenrampe

... überführt in einen Schrank, der knickt. Beliebiger Winkel verdeutlicht den Knick. Beweglichkeit eines Scharniers.

Uhl, Regale für die Exlibris in der Akademie der Künste, Berlin, 1987

... überführt in ein Stück Fassade, die knickt; absichtsvoll gegen die Erwartung, mitten in der Typologie. So wird die Geste deutlicher. Der Knick von gefaltetem Papier ist auf eine Mauerscheibe übertragen.

Uhl, Wohnhaus, Berlin-Kreuzberg, 1983–86

Die Zeichnung, die Skizze, der architektonische Entwurf und auch das gebaute Haus lassen sich auf den Dialog mit den Bedingungen der Materialität ein. Sie suchen Entsprechung, übersetzen, thematisieren oder experimentieren mit Verwechselspielen.

Komplexer und versteinert: Geschosse eines Hauses stehen übereinander, unten sind sie massiv, nach oben werden sie immer leichter, immer feingliedriger und immer abstrakter.

Im EG: Die Pfeiler mit dicken, tragfähigen Kapitellen. Auf den schweren Pfeiler unten stellt sich im ersten OG einer mit verjüngtem Querschnitt. Beide zusammen wirken besonders plastisch durch die in die Tiefe gerückten Verglasungen; auf den Kapitellen lagern sattsam die Balken.

In der geglätteten Mittelzone des 2. und 3. OG bleiben die jetzt noch schmaler gewordenen Pfeiler in der Fläche, die sie mit den Brüstungsfeldern gemeinsam haben. Die Balken liegen nicht mehr auf, sie verhaken sich mit den Pfeilern in der Logik der immer geringer werdenden Lastannahmen. Jetzt ist der Pfeiler beides: Teil der horizontalen Brüstungsfläche und, in der senkrechten Abwicklung, einer der übereinanderstehenden Bauteile.

Im Obergeschoß, sozusagen im Dachrandbalken, wird der Pfeiler ausgehöhlt. Er erhält eine Nische in der Mitte, er macht es sich noch leichter, denn er hat immer weniger zu tragen. Er ist vorbereitet, über dem Dachrand nur noch einen Metallzaun zu halten. Diese Komplexität erzeugt eindeutige Tragverhältnisse der senkrechten Bauteile übereinander, aber doppelte Lesbarkeit im Mittelfeld. Diese Mehrdeutigkeit gilt auch für den Dachrandbalken. Dort werden die über den Fensterbrüstungen ausgehöhlten Pfeiler Teile der horizontalen, lagernden Bebänderung.

Die Geschosse eines Hauses stehen übereinander, die Joche folgen Schritt für Schritt.

Uhl, Labor- und Fertigungsgebäude der Robert-Bosch GMBH, Berlin-Charlottenburg, 1991: Übergang Altbau-Neubau

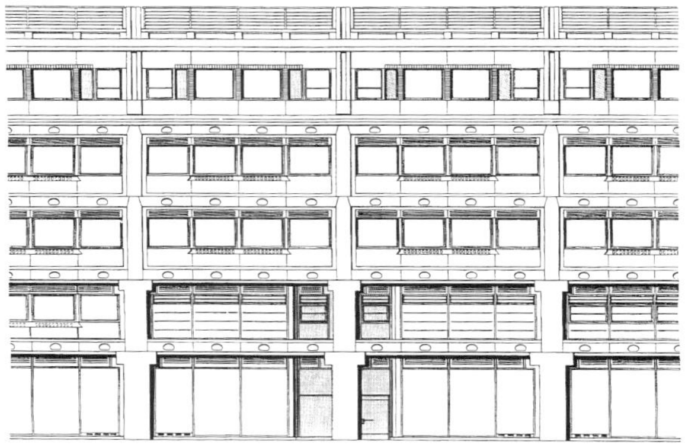

Klassische Tragverhältnisse.

Uhl, Labor- und Fertigungsgebäude der Robert-Bosch GMBH, Berlin-Charlottenburg, 1991: Ansicht Ostfassaden

Die dicken, schweren Pfeiler über zwei Etagen; die geglättete Mittelzone.

Uhl, Labor- und Fertigungsgebäude der Robert-Bosch GMBH, Berlin-Charlottenburg, 1991: Ostansicht

Geglättete Mittelzone und Dachrandbalken.

Uhl, Labor- und Fertigungsgebäude der Robert-Bosch GMBH, Berlin-Charlottenburg, 1991: Ostansicht

Eine von Geschoß zu Geschoß sich empfindsam verändernde Bewegungsform, wie die sich von unten nach oben aufrichtende Wassersäule ...

Bewegungsformen, die nicht im Gleichgewicht sind, fallen noch mehr auf als ausgewogene Bewegungsformen oder ein schönes und vertrautes Ornament. Wenn also Auffälligkeit gesucht oder gefordert ist, läßt sie sich mit unausgewogenen Relationen gestalten, besser als mit Formen.

Eine Bewegungsform wider Willen: umgestürzter Glastisch, zerborsten. Sie schreit danach, einmal als Regel in einem Entwurf konkret werden zu dürfen.

Geknickte (verrutschte) Rohre. Der notwendige Knick wurde durch die verkippten Halterungen zum Ornament gemacht.

Uhl, Hochregallager, Blumberg, 1993: Lüftungsrohre der Klimatechnik

Zerbeulte Autos. Gewaltsame Einwirkung, wilde Bewegungsformen.

Flüchtigste aller Bewegungsformen: Feuer.

Uhl, Tischgestellobjekte, 1987

Wie kann ich Eigenschaften, die ich über den Weg der Abstraktion von irgendwoher gesammelt habe (immer mit dem Wissen, daß sie einmal nützlich sein könnten), rückübertragen in den architektonischen Entwurf?

Ein Übertragungsmodell überführt die abstrakten Kürzel (die für bestimmte Gliederungs- oder Ordnungs- oder Wachstumsformen stehen) schrittweise in Architektur. Die reine graphische Ordnung erhält architektonische „Mitrealität“, wenn sich die dürren Linien der graphischen Kürzel, die die ordnenden Regeln direkt abbilden, schrittweise verdoppeln. Hier: Knoten erweisen sich als runde Scharniere.

Dann: Die Übersetzung der Regeln in Erschließungsformen, in die mehr technische Zeichnung im Vorentwurfsstadium.

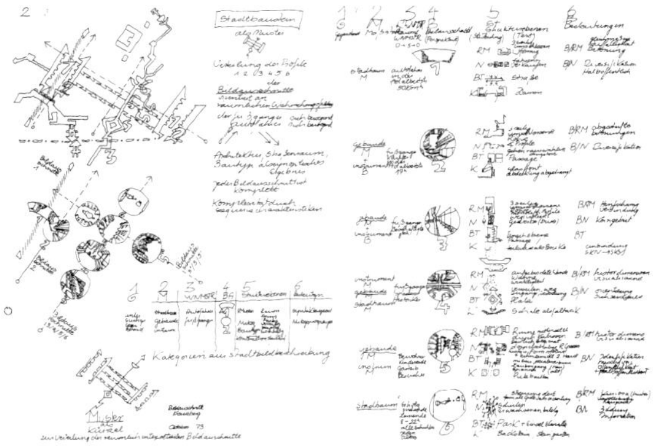

Notizen zu Eigenschaften, in einer Kreuzberger Straße gesammelt, Bildanschnitte, alle 10 m neu. Zur Übertragung in Entwürfe für diesen Ort aufgezeichnet und in Stichworten beschrieben. Um die Eigenschaften aus den jeweiligen Blickfeldern herauszulösen, sie in wiedererkennbaren graphischen Kürzeln notieren und benennen zu können, muß man Abstrahieren geübt haben.

Uhl, Analyse von Bildausschnitten, Berlin-Kreuzberg, 1974

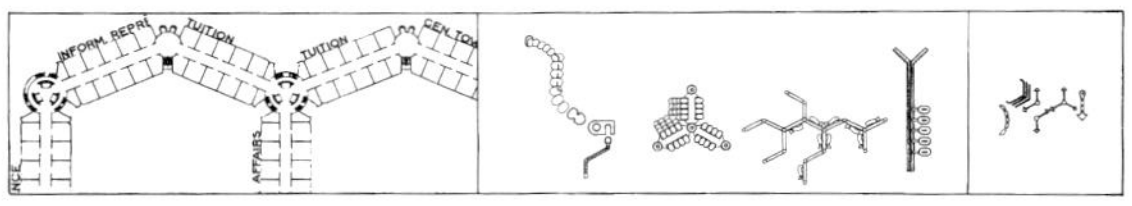

Beim Entwerfen werden die abstrakten Kürzel schrittweise in Architektur überführt. Zunächst bilden die dürren Linien die ordnenden Regeln direkt ab. Dann erhalten sie architektonische Substanz. Die Knoten erweisen sich als runde Scharniere. Zuletzt: Die Übersetzung der Regeln in Erschließungsformen, in die mehr technische Zeichnung eines Vorentwurfs.

Uhl, Rathaus Amsterdam, Übertragungsmatrix, 1967

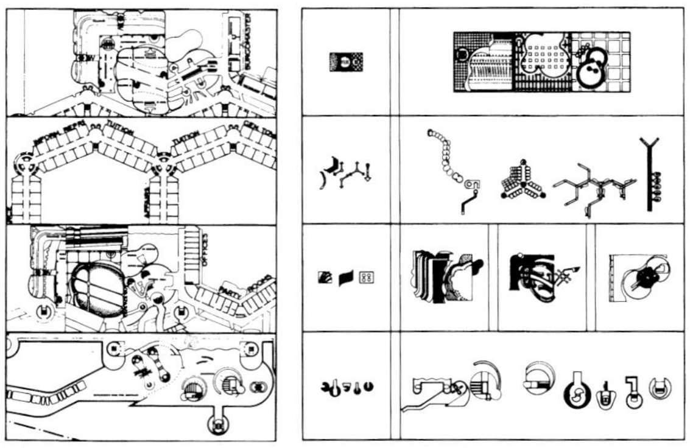

Vier Beispiele, wie sich Erschließungstypen deklinieren lassen:
– Follies in einer Passage
– Erschließungskerne und Hüllsysteme
– offene Netzstrukturen
– labyrinthische Raster.

Uhl, Rathaus Amsterdam, Übertragungsmatrix, 1967

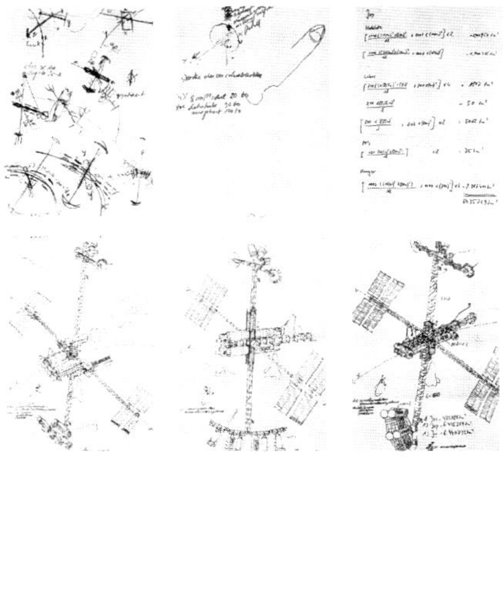

Noch deutlicher wird die Systematik des Übertragungsmodells in den Skizzen zu einer Raumstation:
– Verhältnisse in Formeln
– dürre Strichmuster
– Konstruktion strukturierende Striche
– Beispiel im Vorentwurfsstadium.
Ziel: verschieblicher Schwerpunkt in der Z-Achse.

Uhl, Entwurfsvarianten für eine Raumstation, 1995

Die Methode ist immer die gleiche: Eigenschaften erkennen, sie als auf Muster einwirkende Regeln verstehen und fixieren lernen.

Die so isolierten Regeln als abstrakte Regeln – also ohne materiale Besonderheiten – notieren und dann auf die unterschiedlichsten Strukturebenen von Architektur ordnend einwirken lassen.

Oder im Umkehrschluß: in den erstarrten Architekturtypologien die beweglichen Vorbilder sehen.

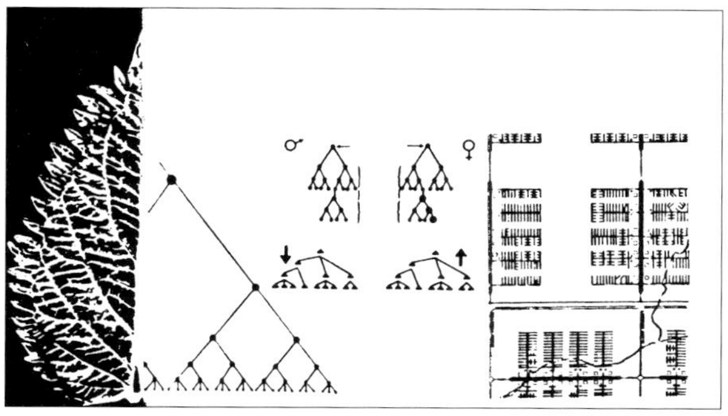

Regel: flächige Verästelung in einem Blatt. Verästelung grafisch notiert, die Regeln wiederentdeckt in einer Planung von Hilberseimer. Verästelung ordnet Zusammenhänge architektonischer Einheiten im städtebaulichen Maßstab nach Himmelsrichtung, Erreichbarkeit, Grundstücksgrößen, Wohndichten, Nachbarschaften, d.h. nach der Erschließungsstruktur.

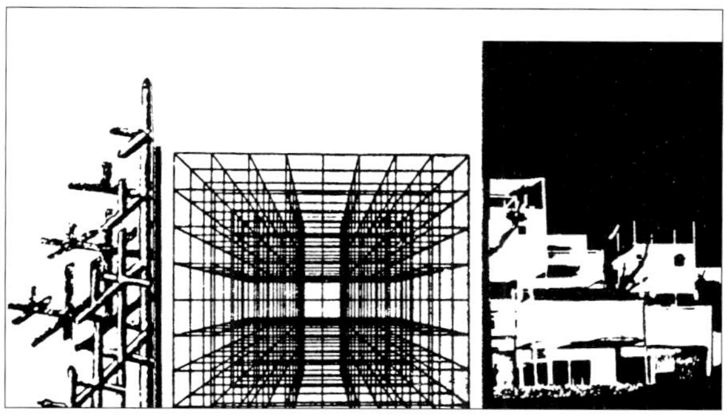

Regel: rechtwinklige räumliche Verästelung des Eisenkristalls. Grafisch notiert. Ordnet vorgefertigtes Stadtbausystem. Beliebige Verfügbarkeit; konstruktive Modulanordnung für Wachstumsschritte, vorgestellt von Moshe Safdie auf der Habitat 67 in Montreal .

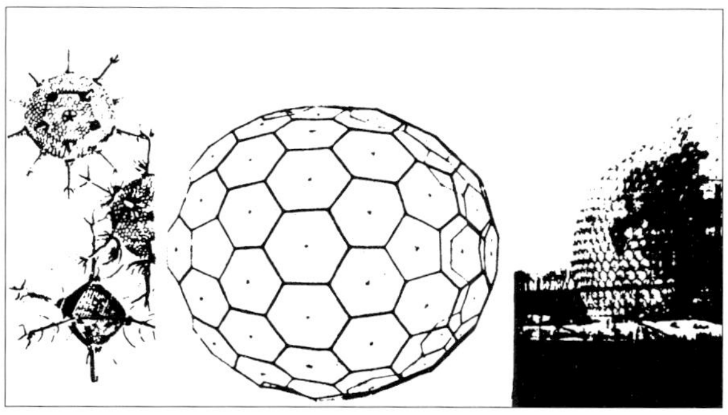

Regel: Kugeloberfläche, zerlegt in flächengleiche Teile, beobachtet bei Radiolarien, grafisch notiert, ordnet das räumliche Tragwerk des us-Pavillons auf der Weltausstellung 1967 Montreal von Buckminster Fuller.

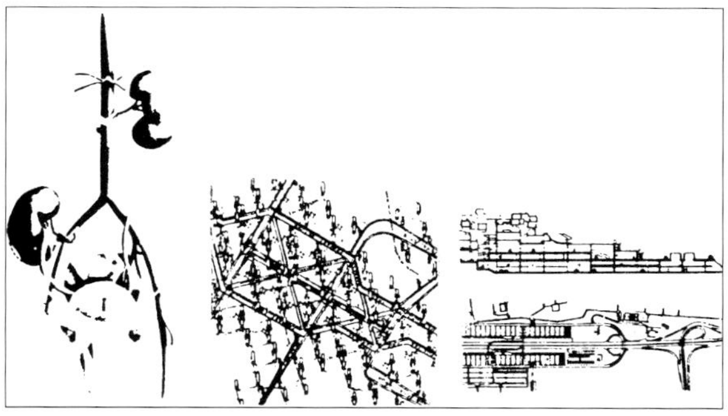

Regel: Organismus schlaufig verknotet, grafisch notiert (computer city 1964, Dennis Crampton) ordnet räumliches Verflechtungsmodell für unterschiedliche Nutzungen im Stadtzentrum für Cumbernauld in Schottland; Überlagerung von Nutzungsstrukturen.

Aufgabe: Architektur als Zeichensprache. Graphisch fixierte Regeln auf architektonische Grundmuster einwirken lassen, beobachten, wie sie schrittweise immer mehr architektonische Mitrealität annehmen; und so neue, eigene Entwurfstypologien entstehen lassen; immer mit Erwartungen an die Aussagefähigkeit bestimmter gewählter Eigenschaften, und mit der Vorstellung, auf welcher Textebene die Eigenschaften ansprechen sollen. Also sprechende Architekturtypologien suchen. Nutzung in bedeutungshaltigen Zusammenhängen anordnen.

Kapitel 4
Varianten in der Reihe, oder: Die sich verändernden Bewegungsformen

Keine Gebärde, keine Geste existiert für sich. Sie ist immer Teil einer ganzen Reihe von Bewegungen, ist auch nur verständlich als angehaltene Momentaufnahme, extrahiert aus einer Bewegungsphase.

Es gilt, die Einzelgesten jetzt als zyklische Gesten kennen zu lernen, als Momentaufnahmen sich ständig ändernder Prozesse, sich ständig verändernder Bewegungsformen, als Zustände, die sich gleich weiter verformen werden und gerade noch ganz anders waren.

Die einzelne Geste der zeichnenden Hand ist aufgehoben in den Schwüngen davor und danach.

Gerade will der springende Jaguar seine Pfote auflegen. Der Sprung ist eingefroren, die Geste verrät die Bewegungen, die folgen werden.

Der springende Jaguar war Vorbild für das Abschlußdetail einer Treppe am Fußboden: Das Stahlprofil legt die Pfoten auf.

Uhl, Villa in Kronberg, Taunus, 1981-85: Treppendetail

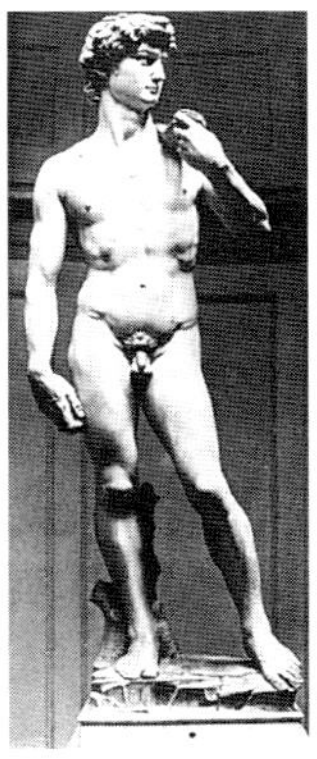

David hält sich zwischen zwei Gesten eben noch auf den Beinen. Gerade hat die übergroße Steinhand zugeschlagen, gleich wird sie sich ballen.

Michelangelo, David, 1501-04

Aufgabe: Angehaltene Bewegungsformen suchen, sie als Teil von Bewegungsfolgen erkennen lernen, irgendwo. Als vereinzelte Gesten notieren und in architektonische Bewegungsformen übertragen. In Architekturteile, die auch mit Einzelgesten auskommen. Denen man die Dynamik der ganzen Reihe noch ansieht.

Ausführlicher und deshalb verständlicher als die isolierte Geste sind Gesten, wenn sie als Zyklus oder als Reihe gezeichnet werden. Sie decken die Regeln, die die Veränderungen verursachen, schrittweise auf. In einer solchen Reihe weist jeder Schritt auf den nächsten und darüber hinaus auf den nächsten möglichen. Bei jedem kann ich verweilen, jeden kann ich im Moment gerinnen lassen, aber keiner ist endgültig. Keiner ist die Lösung.

Wenn man die Regeln des Zyklus erkannt hat, ist der nächste Schritt immer erkennbar, auch in der vereinzelten Geste. Die Spuren der einzelnen Gesten erhalten sich in den Strichen der anderen. Jede Geste erzählt von den anderen Gesten. Der nächste Schritt wird so vorstellbar, auch wenn man ihn nicht sieht.

Der einsame Zeichner mit der beweglichen Hand. Starrer und konzentrierter Blick, bewegliche Hände und Schultern, heftig abstützende Beine. Die Spuren der Gesten sind in den Strichen ablesbar.

6.7.1993

Zeichnende Studenten. Der Zyklus der Gesten ist auf die einzelnen Figuren verteilt. Verwackelnde Hände, abstützende Knie, torkelnde Rücken gehen als Bewegungsspiel durch die Zeichnung.

2.7.1992

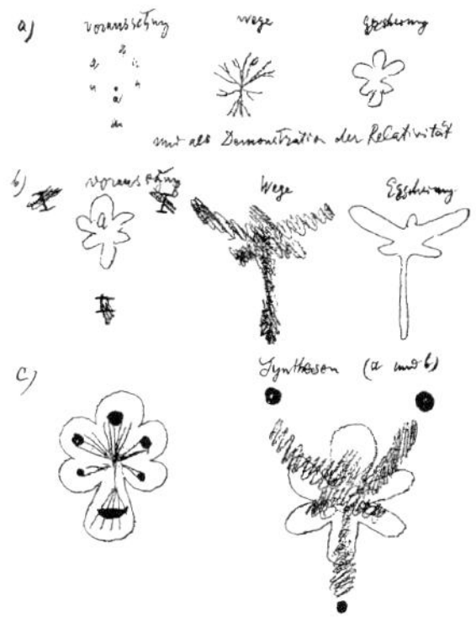

Eine Zeichnung von Paul Klee reflektiert Gedanken der zyklischen Reihe durch progressive pflanzliche Wachstumsformen. Die Regeln, die einwirken, verändern schrittweise. Die Wachstumsformen erzählen außen an der Oberfläche von den ordnenden Kräften drinnen. Voraussetzung (Muster), Wege (Regeln), Erscheinung (Form).

Paul Klee, o.T., nach Spiller

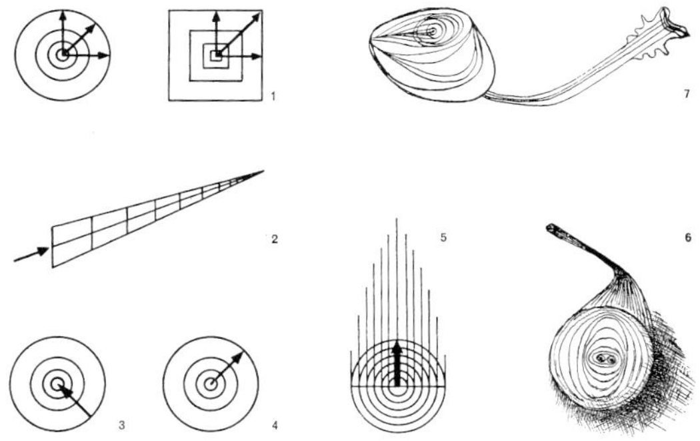

Die verräumlichten Wachstumsformen hält Klee in Schnitten und Grundschnitten fest. Er formuliert: „Querschnittlich und längsschnittlich wachsend."

Paul Klee, o.T., nach Spiller

Aufgabe: Die Regeln, die Verformungen und Veränderungen bestimmen, sind Regeln der Komposition. Der Umgang mit diesen Regeln ist Handwerk. Also: Progressiv sich verändernde Bewegungsformen suchen, Veränderungen in der Reihe notieren, als grafische Chiffren festhalten; die gefundenen Regeln auf architektonische Muster (Typologien) einwirken lassen; und die sich verändernden Bauteile oder Orte beobachten.
Eigenlogik erkennen, Nützlichkeit erproben.

Schaukästen für ein Warenhaus werden zu beweglichen Animateuren, längsschnittlich und querschnittlich sich vergrößernd. Die Vorbild-Geste: sich aufrichten.

Die Parameter: sich anreichern, Hülle und Kern ausbilden, und zwar über horizontale Ebenen. So bilden sich Kopf und Füße aus. Die vordere Reihe hat auch Knie.

Die Bewegung, die eine einzelne Figur sich leisten kann, wird – wie bei der Zeichnung von den zeichnenden Studenten – auf sieben Figuren verteilt.

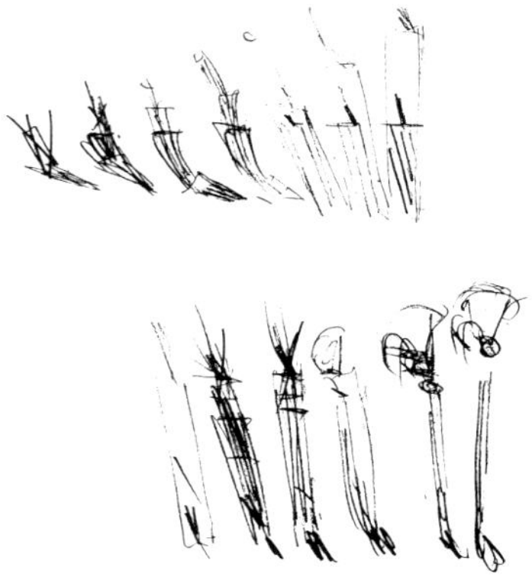

Am Anfang erproben noch ganz abstrakte Spuren hüpfender Gesten ungehinderte, aber kontrollierte Beweglichkeit. Sie gieren danach, konkreter zu werden.

Uhl, Entwurfsskizzen für Schaukästen vor einem Lampenladen, 1988

Aktzeichnung: Strichfiguren, die sich schrittweise aufrichten und dabei immer mehr Volumen annehmen (und den Kopf ausbilden).

5.12.1996

Zurück zu den Schaukästen: Kräftig hüpfende Füße steigern die Sprünge aufwärts und umhüllen sich zunehmend. Der Abstraktionsgrad geht schrittweise verloren, zukünftige Materialität scheint durch.

Uhl, Entwurfsskizzen für Schaukästen vor einem Lampenladen, 1988

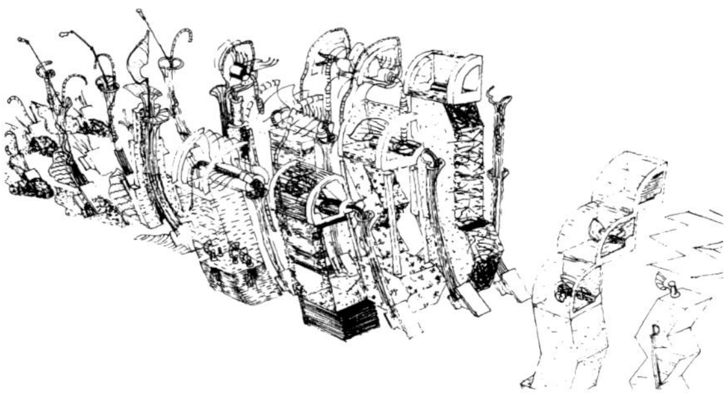

Jetzt haben sie sich für Glas mit Stahlprofilen entschieden und bereiten sich vor, einmal vermischt mit floralen Leuchten nützlich zu sein für ein Warenhaus. Jeder Schaukasten könnte auch alleine stehen; aber dann würde er (fast) nichts über den Ursprung seiner Beweglichkeit erzählen.

Uhl, Entwurfsskizzen für Schaukästen vor einem Lampenladen, 1988

Pablo Picasso: „Hast du schon jemals ein fertiges Bild gesehen? Ein Bild oder irgendetwas anderes? Weh dir, wenn du sagst, du wärest damit fertig! ... Ein Werk beenden! Ein Bild vollenden! Wie albern! Einen Gegenstand beenden heißt, ihn fertigmachen, ihn umbringen, ihm seine Seele rauben, ihm wie dem Stier die Puntilla geben! Ein Werk vollenden – l'achever, wie man hier sagt – bedeutet für Maler und Bildhauer etwas sehr Ärgerliches: Es heißt, ihm den Gnadenstoß geben!"

Ich versuche, die Methode der Variantenbildung zu beschreiben: Auf die Muster (als dem ersten) wirken (als zweites) Regeln ein, und zwar (drittens) nach bestimmten Parametern, die die Einwirkung festlegen.

Ein simples Beispiel für Muster und einwirkende Regeln in einer Entwicklungsreihe, die zustandegekommen ist ohne Absicht, ohne Willen, ohne Ziel, gefunden im Vorübergehen: ein Stück Maschendraht. Die Folge ist sehr einfach: ein Rautenmuster liegt vor, eine Kraft wirkt in einer Richtung ein, bewirkt zunächst Verzerrung, dann Zerfaserung (Knäuel), weil die Spannung der sich kreuzenden Diagonalen aufgehoben ist.

Auf den Entwurf übertragen bedeutet das: Regeln, meist aus der Mitrealität von Architektur gegebene wie Nutzung, Erschließung, Wegfolgen etc. wirken auf verallgemeinerbare oder ganz persönliche Grundmuster, z.B. Architekturtypologien (hier Villa Rotonda) ein. Der Zeichner (wäre das nicht ein Wille, ein Ziel) beobachtet beinahe absichtslos, wohin die Veränderungen führen. Dabei kann jede Regel, die innerhalb der einzelnen Strukturebenen ordnet (z.B. die Ebene der Konstruktion, der Materialität, der Kosten), einmal dominant werden und so als formbildende Regel einwirken; bis alle diese Beweglichkeiten einmal wie in einer Momentaufnahme festgehalten werden.

Das ist dann der feste architektonische Zustand, den wir kennen, der aber in der Folge wieder in neue Beweglichkeiten überführt werden könnte.

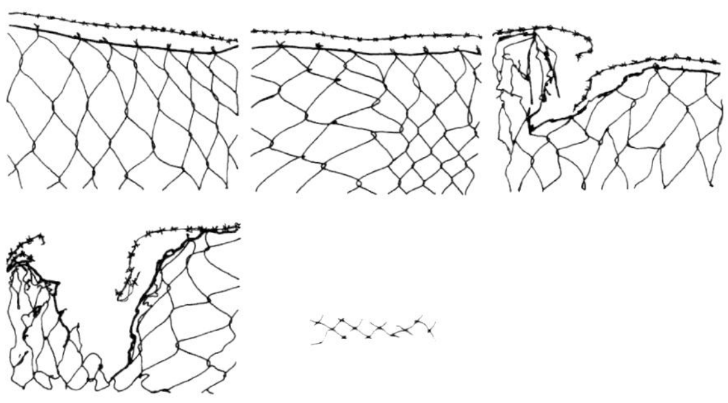

Grundmuster und Verzerrung in einer fast absichtslosen Entwicklungsreihe: Einer ist über den Zaun geklettert, das Rautenmuster der Maschen ist verzogen, verformt.

Elke Borchardt: Zaun, 1972, Ausschnitt aus einer Bewegungsanalyse

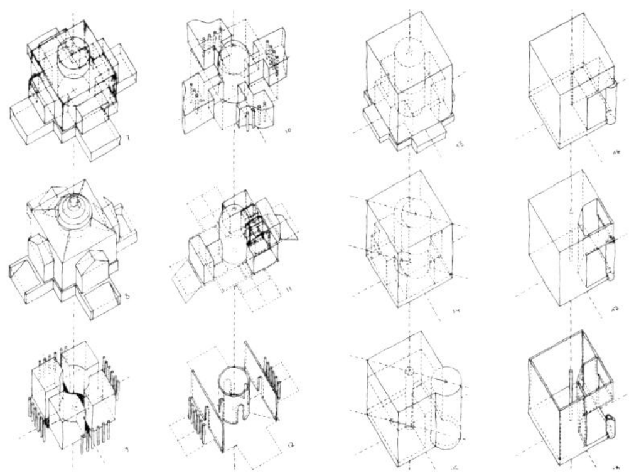

Die Säule: Die Säule verläßt ihren mittigen Platz im Würfel, läuft diagonal auf eine Ecke zu, verliert dabei ihr Volumen und wird auch (in schrittweiser Veränderung) kürzer. Nicht alle Schritte sind hier notiert.

Manfred Fischer, Analyse der Villa Rotonda von Andrea Palladio 1550/1551 in 18 Schritten bis zum Haus „Dickes" in Luxemburg von Rob Krier (Ausschnitt: Schritt 7 – 18)

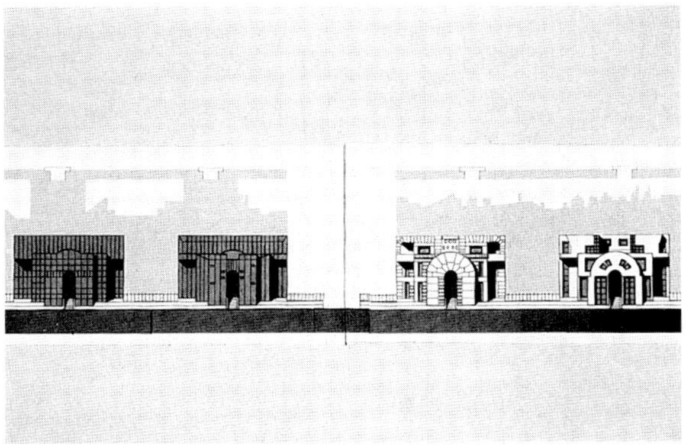

Einzelhäuser sollten durch schrittweise Veränderung der Materialität, der Grundrißwahl und der konstruktiven Strukturform aufeinander bezogen sein. Die methodische Deklination der Fassade (und des Energie-Konzepts) erprobt die graduelle Anpassung an eine vorgefundene Situation im Stadtraum. Die auffallende Regel: vom „Einfachen" zum „Komplizierten" hin.

Uhl, Wettbewerb Wohnen in der Friedrichstadt-Berlin, 1980: Torhäuser

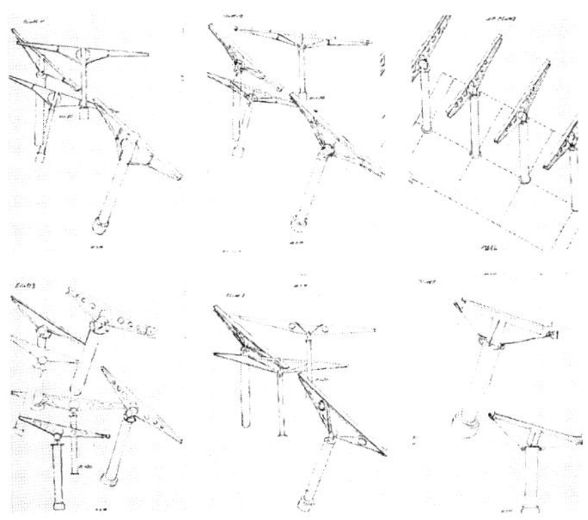

Konstruktive Alternativen zum Tragwerk eines Vordaches für einen Verwaltungsbau. Von Fall zu Fall ändert sich das Muster, immer neue Muster und Regeln werden erprobt, in der Vorstellung sind sie durch Varianten verbunden, auf den Blättern sind sie auseinandergehalten, mit Sprüngen, eben schon Alternativen.

Uhl, Skizze 22.3.1991

Aufgabe: Die Verwandlungsschritte einer „gesicherten" logischen Kette notieren, dann die Verwandlungsschritte mit oder gegen die Logik dieses Entstehungsprozesses neu anordnen. Verwandlungsschritte, die gegen die Erwartung angeordnet sind, thematisieren besonders deutlich die Regeln, durch die sie zustandegekommen sind.

Es ist gut, sich im Entwurfsprozeß die architektonischen Strukturen vorübergehend als Bündel von Regeln vorzustellen, als bewegliche Muster, auf die andere Regeln einwirken, nicht wahllos, sondern in bestimmten Organisationsformen, nach Faktoren, die die Einwirkung bestimmen.

Nutzung, Erschließung, Raumfolgen, Flexibilität, konstruktives Gefüge, materieller Aufwand, Materialität, überhaupt Bauordnung, DIN-Vorschriften können – in Abhängigkeit von den jeweils gewählten Parametern – sowohl als (erleidendes) Muster wie auch als dominierende Regel in das lange beweglich gehaltene Beziehungsgeflecht eingesetzt werden.

Ein Beispiel für den Entwurfsprozeß auf der Suche nach der Konturierung der Aufgabenstellung und den durchsetzbaren Zielen: Hochhausknoten, die sich vernetzen, die Anfänge für den Hochhauskern im Sockelgeschoß, Optimierung der Nutzflächen, Minimierung der Kerne, Minimierung der Geschoßhöhen, städtebauliche Figur: Tor zur Stadt.

Vom Nutzen dieser Methode: die Varianten relativieren die Antwort, bereiten die Palette der Möglichkeiten vor, zeigen, wo die Grenze zwischen der sachlichen Logik und den persönlichen Entscheidungen liegt.

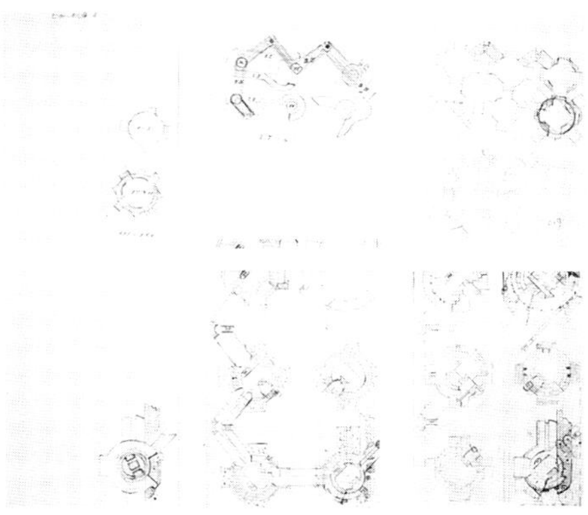

Knoten wollen sich vernetzen durch Verkreuzungen, durch Diagonalen, durch Schleifen. Organisationsformen für die Erschließung von Arbeitsplätzen mit natürlicher Belüftung. Strukturebene der Erschließungsformen für hierarchielos organisierte Arbeitsplätze (im Sockelgeschoß).

Uhl, Hochhausentwurf, Frankfurt: Grundrißvarianten, 1991

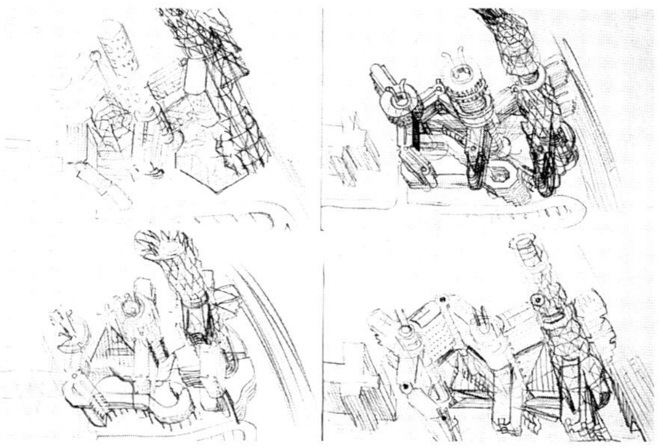

Hochhäuser suchen im Sockel die Vernetzung und proben die Höhen. Hochtechnisierte Arbeitsplätze mit Klimatisierung, mit reduziertem Energiebedarf. Besondere konstruktive Schritte im Zusammenspiel mit der technischen Ausrüstung erlauben größtmögliche Flexibilität.

Uhl, Hochhausentwurf, Frankfurt, 1991: Isometrien in Varianten am Messegelände

Der Sockel hat die Varianten der vernetzten Höhen im Modell festgehalten, alle auf einmal. Die verschiedenen Höhen sind Abbild für die Arbeitsmethode, in Varianten höchstmögliche Brauchbarkeit zu suchen. Im Ergebnis leistet die Methode der Variantenbildung die Harmonisierung der Ansprüche.

Uhl, Hochhausentwurf, Frankfurt, 1991: Modell

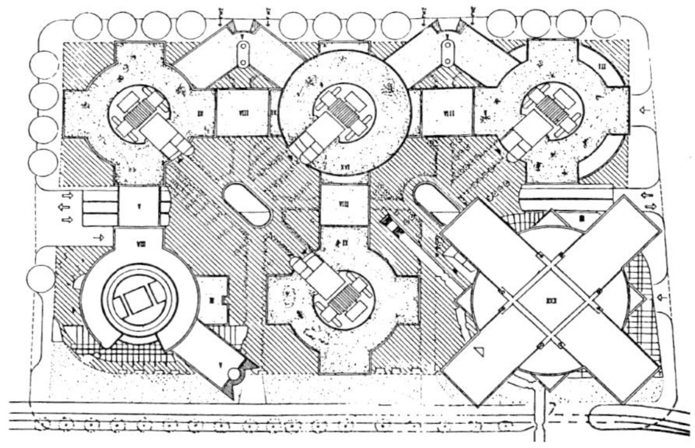

Die Präzision der technischen Zeichnung kontrolliert die Gedanken, gleicht sie mit den Besonderheiten des Grundstücks ab. Man muß die Baubeschreibung zur Hand nehmen, um die Leistung innerhalb der verschiedenen Strukturebenen zu erkennen. Ergebnis: 3 m Nutzhöhe bei nur 3,57 m Konstruktionshöhe.

Uhl, Hochhausentwurf, Frankfurt, 1991:

Ein Lieblingsgedanke: das Haus als Weg, als Kette von sich schrittweise verwandelnden Orten, von draußen, von der Straße, durchs Haus hindurch bis auf die abfallende Wiese dahinter. (Die direkte Folge aus dieser Entwurfsmethode).

Schrittweise ändern sich die Orte und die Bauteile, die sie formen sollen. Die immer neuen Orte, die Logik der Verwandlungsschritte der Orte schicken weiter. Hier sorgen die Pfeiler für Aufruhr.

Hinter dem Zaun (der eine nicht gut sichtbar hinter den Bäumen) an der Straße: ein erstes, simples Pfeiler-Paar. Und dann die Pfeiler, die den Weg nach unten nehmen.

Uhl, Villa in Kronberg, Taunus, 1981–85: Eingang

Die echten Pfeiler mit Kapitellen, die die Holzpergolen tragen. Dann: Variationen außerhalb der Reihe: die flache Spiegelung des Pfeilers als Silhouette in der Wand. Das Kapitell wird durch zwei Fensteröffnungen markiert. Der Pfeiler ist Pfeiler und als Relief Teil der Wand zugleich. Ambiguität der Bauteile.

Uhl, Villa in Kronberg, Taunus, 1981–85

Dann: Der Pfeiler, der zu kurz gekommen ist und nichts tragen darf, (schrecklich für ihn, blamabel, denn das Kapitell hängt ihm entgegen), und der dennoch mobil (ein Wanderpfeiler) ist, weil er als Betonfertigteil immer wieder bei Bedarf (zur Verbreiterung der Transportwege) herausgenommen werden kann. An der Hausseite der Pfeiler als Halbrelief (mit Kapitell).

Uhl, Villa in Kronberg, Taunus, 1981–85

Im Innenraum: Dort stehen die Pfeiler als Wächter rechts und links von den Türen. Sie rahmen nur ein, tragen nicht. Sie sollen am Eingang neugierig machen und weiterschicken. Vier mal sich wandelnde Orte, die immer über sich hinausweisen. Beruhigend wirkt die allgegenwärtig sichtbare lineare Logik der Verwandlungsschritte.

Uhl, Villa in Kronberg, Taunus, 1981–85

Aufgabe: Orte oder Bauteile in Varianten entwerfen. Eine einzige Möglichkeit auswählen. Die Verwandlungsschritte davor und danach für die spätere Verwendung erhalten. Oder in einem bestehenden Entwurf Orte/Teile isolieren; Regeln und Muster definieren, die möglichen Verwandlungsschritte davor und danach als generative Muster erkennen und notieren.

Das Beispiel eines großen Hauses in Berlin, gebaut in den 30er Jahren. Es verändert sich schrittweise, um im wechselnden Maßstab des Stadtraums auszumitteln zwischen der niederen Bebauung einer Seitenstraße (Sulzaerstr.) und der hohen Bebauung an der Straße im Maßstab eines Boulevards (Hohenzollerndamm).

Mindestens vier große Verwandlungsschritte fallen ins Auge. Das Muster (vereinfacht): im Grundriß ein langgezogener Mäander. Im Seitenriß: Fassade bebändert; Wechsel zwischen dunklen Klinkerbändern, die auch die Fenster aufnehmen, und hellen Glattputzflächen.

Die Regeln, die auf die Bänder (als Muster) einwirken: erst nur flächig, dann gerollt, dann querschnittlich wachsend (die Oberflächen werden immer reliefartiger, bis zu dicken Backsteinstreifen) und schließlich in der Höhe zunehmend.

Das untere Band hat durch zusätzliche Regeln eine Sonderrolle: ein vielfach sich variierender Sockel.

Oder der langgestreckte Zeilenbau wird schrittweise höher; ohne daß man es merkt, denn die zusätzliche Etage im 4. Verwandlungsschritt bleibt hell und fällt noch nicht so auf. Der Turm auf der Ecke wird noch um einiges höher.

Solche infiniten Bauformen geben nie vor, endgültige Lösung für die gestellte Aufgabe zu sein; sie weisen immer über sich hinaus, erzählen von anderen möglichen Lösungen, wenn man die Regeln erkannt hat.

Die Regeln (vereinfacht): das (bewegliche) Wechselspiel der Bänder löst sich aus dem zunächst flächigen Untergrund (1. Variante; in der Seitenstraße) und schwingt dann weiträumig nach außen, indem es innen einen Kern herausschält (2. Variante, auf der Ecke)...

Alexander Beer: Altenwohnungen, Berlin-Wilmersdorf, 1930

... Es bindet sich wieder reliefartig in die Fläche ein (3. Variante; in der Berkaer Straße), variiert durch Addition (nach einem Rücksprung im Grundriß) den Dachrand (4. Variante, immer noch in der Berkaer Straße)...

Alexander Beer: Altenwohnungen, Berlin-Wilmersdorf, 1930

... und legt sich schließlich als dick aufgetragene „Bandscheiben" (Erker über Eck) seitlich auf ein sonst sehr nacktes und würfeliges Hochhaus (5. Variante).

Alexander Beer: Altenwohnungen, Berlin-Wilmersdorf, 1930

Blick zurück: fast alle Verwandlungsschritte auf einmal. Die Beschreibung nach Regeln und Muster ist im wahrsten Sinne des Wortes oberflächlich geblieben. Wir sind nicht um das Gebäude herumgegangen, waren nicht drinnen, kennen die Einzelgrundrisse nicht oder die Gemeinschaftseinrichtungen, den Wohnwert.

Alexander Beer: Altenwohnungen, Berlin-Wilmersdorf, 1930

Die Beschreibung beschränkt sich auf Beobachtungen, die für das Stadtbild relevant sind. Sie will die Chancen der Verwandlungsschritte und der ausgebreiteten Regeln als Dienstleistungen innerhalb der Stadtplanung aufzeigen, die ein Arrangement für Altenwohnungen vorsieht, die auf die bunte Mischung sehr unterschiedlicher städtischer Charaktere in enger Nachbarschaft eingeht und Kiez meint.

Es gilt, dieses kreative Sehen auf einen ganz vitalen Grundriß zu übertragen, um in ihm die Fülle der Verwandlungschritte zu entdecken. Übrigens: Der Grundriß ist durch eine Kette von Weiterbauten entstanden und gehört zu einem Schloß (Babelsberg bei Berlin), dessen neugotische Postkartenfassade den Blick aufs Ursächliche schwer macht.

Versuch, das Ursächliche herauszulesen: Muster 1: An einem verwickelten Flur hängen einseitig voneinander abgerückte, quadratische Räume in unterschiedlichem Abstand. Muster 2: In die Diagonale zweier Außenknicke werden Kreise gelegt, auf einem Ende mittig angehängt, in den Innenknick ebenso. Regeln: Zwei der am Knick gelegenen Rundformen verwandeln sich zu Sechsecken. Quadratische Räume erfahren halb Sechseck-Ausstülpungen, das innenliegende Sechseck wird halbseitig zum Rechteck aufgelöst und asymmetrisch verschoben. Unterschiedliche Abstände rücken Räume auseinander oder zusammen. Ergebnis: der Flur variiert Raumbreiten, Räume und Flurbreiten.

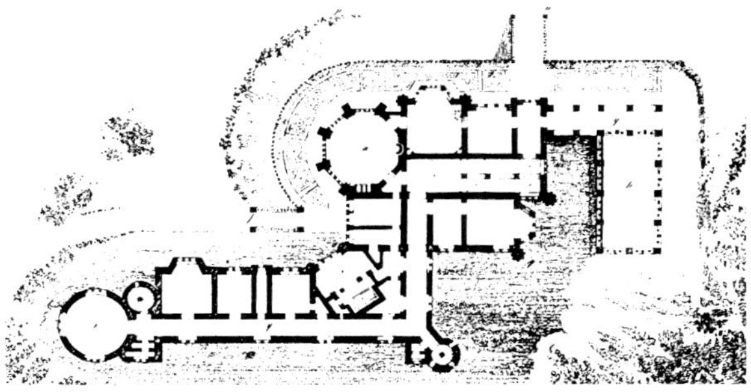

Grundriß von Schloß Babelsberg als Beispiel für Verwandlungsschritte.

Karl-Friedrich Schinkel, Schloß Babelsberg, Grundriß 1838

Drei Zeichnungen vom gleichen Gegenstand (hier: Schloß und Turm in Glienicke), die nichts anderes tun, als zeichnerisch von Blatt zu Blatt und dann in den einzelnen Strichinseln Varianten zu üben.
Sie werden immer abstrakter.

3.6.1994

4.3.1994

26.6.1994

Schinkel schreibt:
„In einem malerischen Styl sollten sich mancherlei Lehre aus der reichen, stets ergiebigen Phantasie des erhabenen Besitzers aneinanderreihen und eine mannigfaltige Gruppe architektonischer Gegenstände bilden, die sich angenehm mit der umgebenden Natur verschmelzen konnte. Die eigentliche Wohnung des Gärtners, die architektonische Hauptmasse in dieser Gruppe stellt sich in dem Styl italienischer Landgebäude dar, über der einen Hälfte dieser Masse erhebt sich ein zweites Geschoß, ... daneben steigt ein mäßig hoher Thurm noch höher aus der Masse hervor ... An der vorderen und hinteren Seite führen Weinlauben, von steinernen Pfeilern getragen, in die Gärtnerwohnung. An der hinteren Front dehnen sich dieselben weiter aus und verbinden einen zierlichen Salon mit jener Hauptmasse ... Durch einen Peristyl von attischen Pilastern tritt man aus dem Salon auf einen hart an einem kleinen See gelegenen freien Platz. Am Ende dieses Platzes befindet sich eine Treppe, welche hinab zum Wasser führt, das hier in Form eines Kanals aus dem See unter einer langen bogenförmigen Laube, ... an der Hinterfront der Gärtnerwohnung fortgeführt ist, und so einen geräumigen Gartenplatz begrenzt, in dessen Mitte ein Bassin mit einem hoch springenden Wasserstrahl zur Anmuth des Ortes beiträgt. Die ganze freundliche Anlage dieser kleine Villa gestattet, nach dem Gefühl, Vergrößerungen und neue Zusätze im selben Geiste der verschiedenen Baulichkeiten ...“

Die römischen Bäder: schön, aber unübersichtlich auf den ersten Blick. Die Außenmauer variiert fünf Möglichkeiten auszusperren. Immer gegen die logische Erwartung angeordnet.

Schloß Sassouci, Charlottenhof: Römische Bäder

Mauer mit Sockel und kurzen Pfeilern, Unterbrechung der Mauer und Zusammenhalt der Mauerstücke durch übergestellten Torbogen, kurzes Stück Mauer; rechteckige Brunnenschale als Mauerstück, Mauer mit Bogenfenstern über dem herausgestellten Sockel.

Karl Friedrich Schinkel: Charlottenhof, Römische Bäder

Die Pfeiler variieren auf verschiedene Weise das Hochgestellt-Sein. Sie stehen für schmale, gerichtete Kolonnaden und variieren gleichzeitig mit Pergolen eine große Halle. Jeder Pfeiler hat Teil an einander durchdringenden, verschiedenen Raumkonzepten.

Treppen stehen für sich oder lösen massive Hauswände auf. Da ist dann nicht mehr festzustellen, ob das Haus die Treppe schenkt, oder ob aus den Treppenwandungen das Haus zusammengesetzt wurde. Jedes Bauteil wird einmal dominant, ist mehrdeutig, übt Verwechselspiele. Meint die große Eingangshalle Außenraum oder ist sie schon Innenraum?

Die Verwandlungsschritte reihen sich nicht mehr in der zu erwartenden Logik aneinander, sondern sie sind gegen die Erwartung gestellt. Das Auge stolpert über unerwartete Reihenfolgen oder über Reihenfolgen mit Brüchen (Verwandlungsschritte sind einfach ausgelassen) oder über zunächst Unübersichtliches, um dann zu erkennen, daß die Bauteile oder die Orte manchmal auch Teile anderer Entwicklungsreihen sind. Sie übernehmen dann Rollen in den verschiedenen sich überlagernden Entwicklungsreihen, werden mehrdeutig wie ineinandergestellte Architekturtypen (aber immer erst auf den zweiten Blick). Die unerwartete Logik macht die Regeln besonders deutlich, thematisiert sie, bringt sie zur Sprache. Ich weiß nicht, ob es Absicht war.

Weitersuchen in der Stadt (oder hier nördlich von Berlin) ...

Verkürzt sichtbar in der Diagonalen zwischen den aufgestellten Torsegmenten, drei Verwandlungsschritte: gerundete Haustechnikzentrale im Anschnitt; die Wiederholung der flächigen Abschnitte mit den Sektionaltoren und den Bürofensterstreifen darüber; und die LKW-Reparaturhallen mit Hausmeisterwohnung darüber.

Uhl, Hochregallager, Blumberg, 1993: Nord-Ost-Ansicht mit den Sektionaltoren der Logistik und Torbauten der Treppenhäuser

Der zweite Verwandlungsschritt: Die Hülle (die kleine Aluwelle) flattert wie übergeworfen im Vordergrund.

Uhl, Hochregallager, Blumberg, 1993: Bürofenster und Sektionaltore; links der Torbau des Treppenhauses, der die Abschnitte einteilt

Der dritte Verwandlungsschritt: Das massive Innenhaus wirft die Hülle ab und gibt sich ganz gewöhnlich: Kieskratzputz und Streifen in Sparverblendern im traditionellen Stil der 20er Jahre ...

Uhl, Hochregallager, Blumberg, 1993: Tore für Gleiszufahrt, für LKW-Reparaturhalle und Waschanlage, offene Durchfahrt unter der Hausmeisterterrasse als Überdachung für eine Tankstelle mit Zapfsäule

Der vierte Verwandlungsschritt, der bislang unsichtbar war: Die horizontalen Schichten krümmen sich. Dekorative sevillanische Pergolemuster drücken ihre Stempel auf. Ein Ziel für die Gesamtanlage: Varianten nähern sich den Funktionen an, machen sie sichtbar und nehmen dem Gebäude die Länge.

Uhl, Hochregallager, Blumberg, 1993: Terrasse der Hausmeisterwohnung

Regeln, nach denen sich Veränderungen logisch fortsetzen, werden erst deutlich, wenn sie sich in mindestens drei Varianten abbilden. Solche Orte laden ein, den Eigenschaften auf die Spur zu kommen, immer wieder Varianten zu suchen und in Zukunft so in Bauten zu blättern, zu lesen. (Aber: Ich muß das alles wieder vergessen, wenn ich weiter zeichnen will. Vollendete Gedanken bremsen die Hand.)

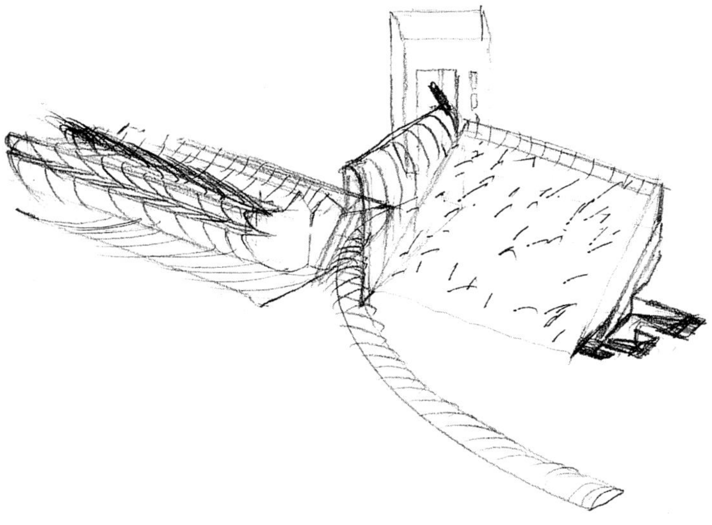

Kapitel 5
Der Mediensprung, oder: Wie sich gleiche Eigenschaften in verschiedenen Medien abbilden lassen

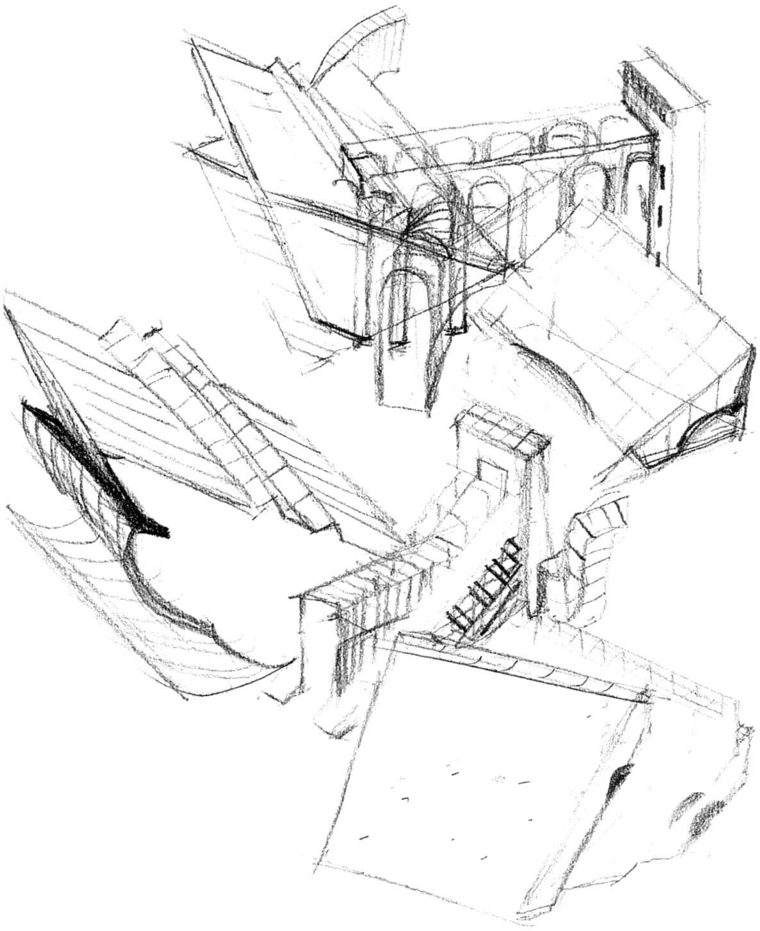
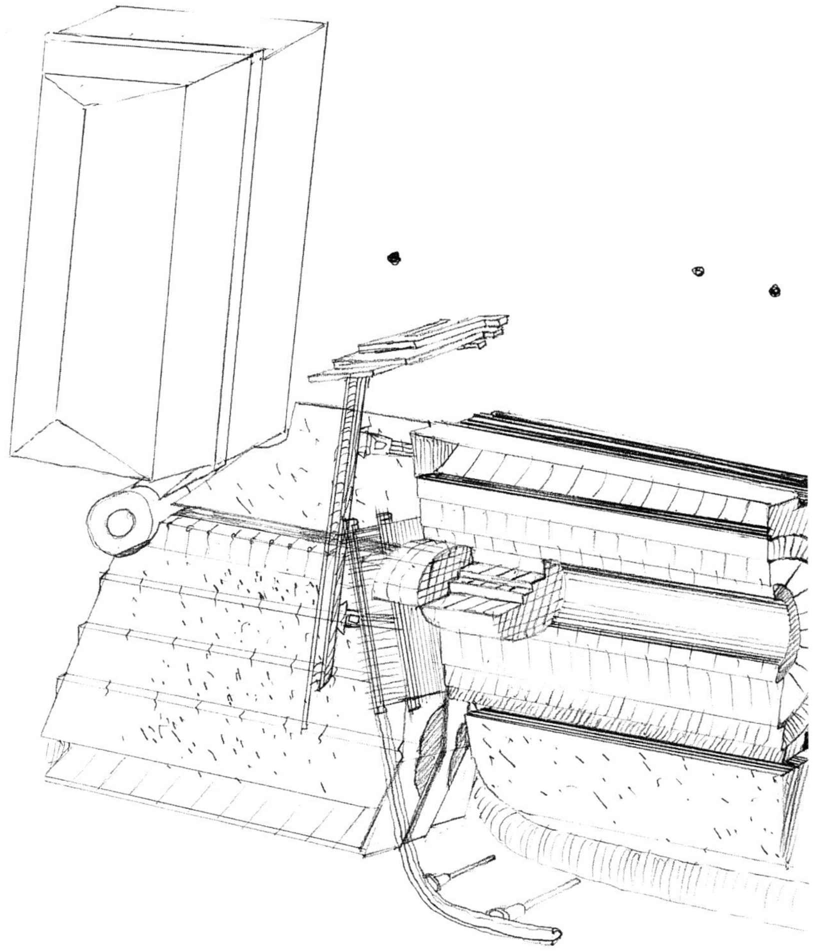
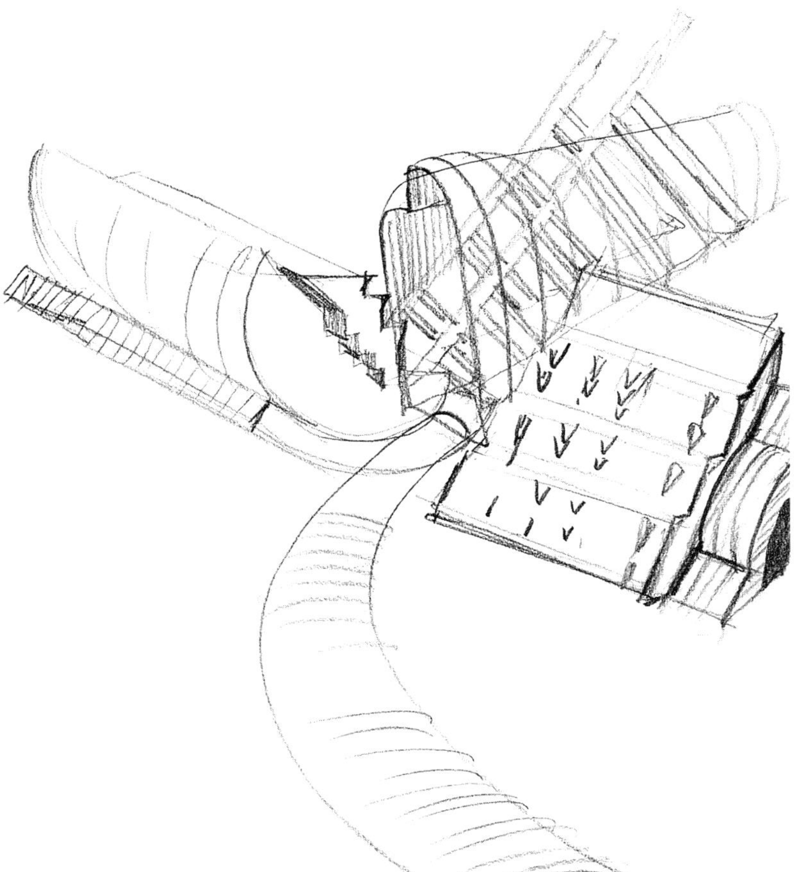
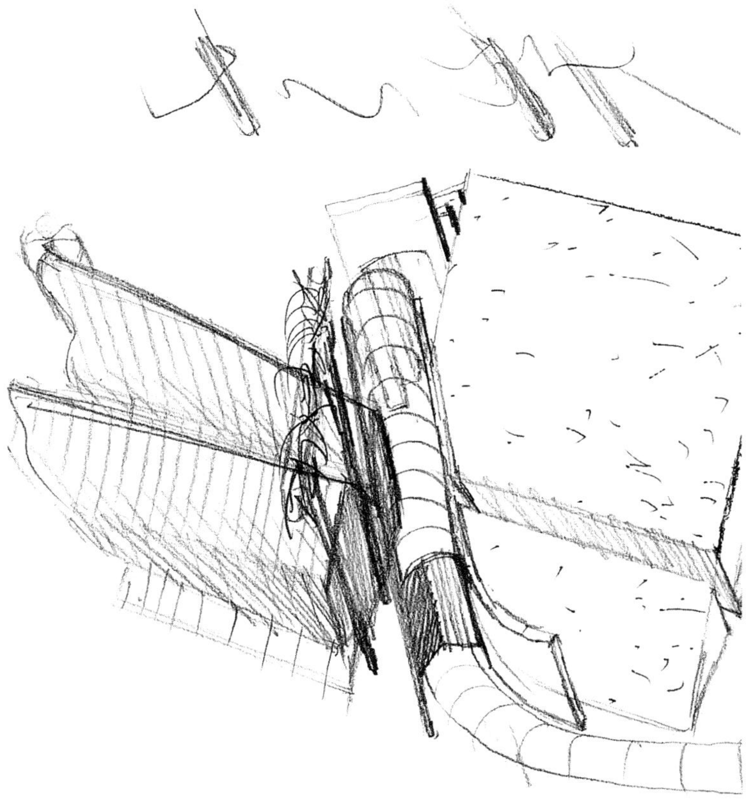

Die vielen, als abstrakte Regelsammlung notierten Eigenschaften werden jetzt versucherisch kreuz und quer in ein neues Medium übertragen. Lernen vom Haus, umsetzen in Bildhauerei, weiter verwandeln in ein Stück Inneneinrichtung. Oder: Beobachten in einem Pflanzenreich, das von der Architektur gelernt hat und rückführen in eine Häuserreihe. Oder suchen nach den charakteristischen Eigenschaften eines Ortes und sie im Entwurf für diesen Ort verarbeiten.

Es ist leichter, die Vorbilder für das, was man machen möchte, ganz woanders zu suchen, in den anderen Medien. Dann stehen sie dem eigenen nicht im Wege, machen keine Konkurrenz. Sie fremdeln, man kommt ihnen nicht zu nahe, kann sich ohne Mühe wieder von ihnen lösen. So fördern sie den Prozeß, herauszufinden (und als Entscheidung dennoch lange offen zu lassen), in welchem Medium die Eigenschaften konkret und brauchbar werden könnten – als Landschaft, als Konstruktionen, als plastische Gegenstände.

Die Vorbilder aus dem Medium der Architektur zu übernehmen, um eine architektonische Aufgabe zu lösen, ist schwieriger. Wie weit muß man die Originale abwandeln, um nicht zu plagiieren? Wie lange deklinieren, bis sie aus ihrer ursprünglichen Aufgabe gelöst und zum neuen Ganzen ins Verhältnis gesetzt sind?

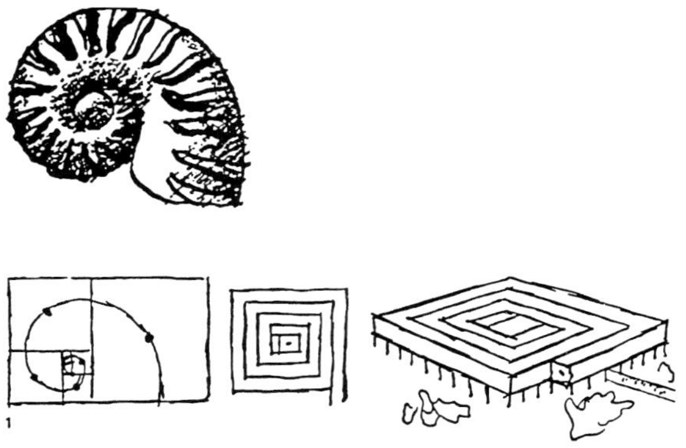

Vorbild und Regel in Kurzschrift: Das Beispiel von Le Corbusier für ein wachsendes Museum. Schnecke gefunden, abstrahierte Regel notiert, in Architekturtypologie übersetzt.

Le Corbusier, Le musée à Croissance illimitée, Projekt: Skizze einer Muschel/Ansicht aus der Vogelschau

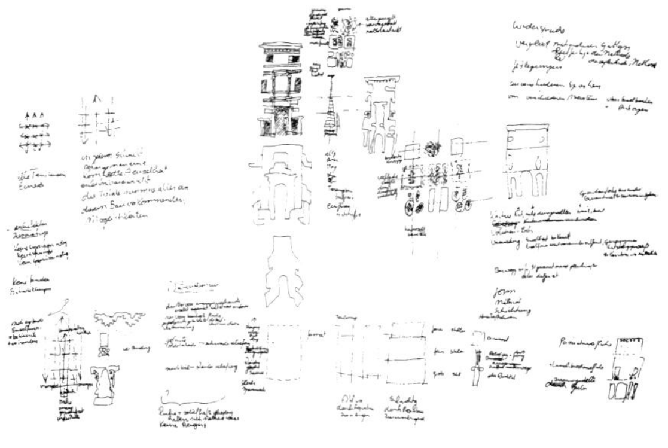

Nun ein etwas komplizierteres Vorbild: Die Fassade des Wohnhauses von Andrea Palladio in Vicenza. Und eine kompliziertere Vorgehensweise: die Fassade wird auf den Boden gelegt und analytisch in Regeln und Muster zerlegt. Ziel: ein Grundriß für ein Museum.

Uhl, Wettbewerb, Staatliche Museen Preußischer Kulturbesitz, Berlin, 1964-65: Entwurfsskizzen als analytische Regelsammlung

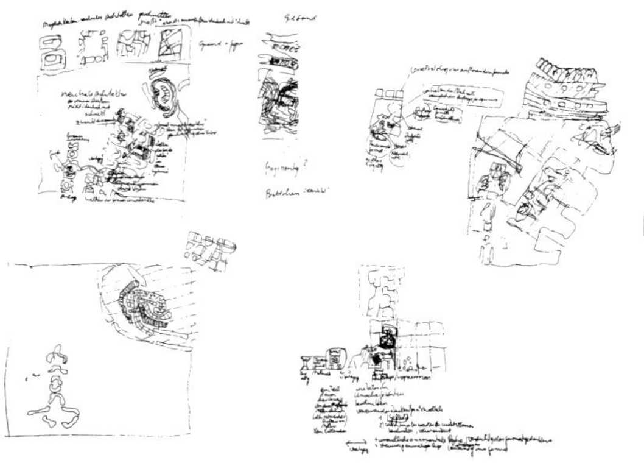

Die Zeichnungen reflektieren den großen Zusammenhalt einer zukünftigen Museumsanlage, indem sie die gefundenen Regeln spielerisch generieren. Die Folge der Schritte muß hier unverständlich bleiben, dazwischen liegt ein ganzes Skizzenbuch.

Uhl, Wettbewerb, Staatliche Museen Preußischer Kulturbesitz, Berlin, 1964-65: Entwurfsskizzen als analytische Regelsammlung

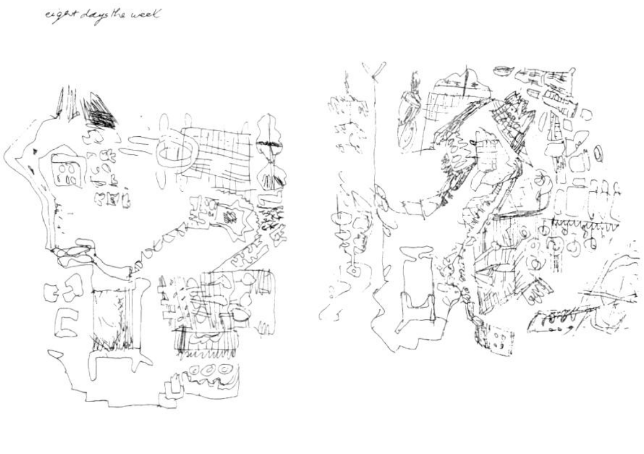

Hier fassen die Regeln zum ersten Mal die Museumslandschaft zusammen. Die eigentümlichen Eigenschaften der Orte sind jetzt ausgeprägter, es zeichnen sich Erhebungen und Täler, Verkettungen und Abtreppungen ab.

Uhl, Wettbewerb, Staatliche Museen Preußischer Kulturbesitz, Berlin, 1964-65: Entwurfsskizzen als analytische Regelsammlung

Aufgabe: Die Vorbilder, die vorgeben, so leicht und wahllos gefunden zu werden, sind alles andere als willkürlich ausgesucht. Sie profitieren von der geschulten Wahrnehmung, die im Rückschluß weiß, welche Eigenschaften brauchbar analysiert und übertragen werden könnten. Das geht nicht ohne das Wissen von der zukünftigen komplexen Aufgabe. Also: Eigenschaften im Medium Architektur suchen, in graphischer Kurzschrift notieren, wiederverwenden im architektonischen Entwurf.

Aus der Entwurfsentwicklung im Rahmen eines Wettbewerbs: Für ein deutsch-französisches Gymnasium in Berlin wird nach einer Palette ganz unterschiedlicher Raumtypen gesucht. Die Charakteristika dieser Orte werden erprobt, indem der Entwurf zuerst einmal noch nicht zur Architektur hinführt, sondern sich ganz verschiedener Medien bedient, um herauszufinden, welche den jeweiligen Orten angemessen sein könnten.

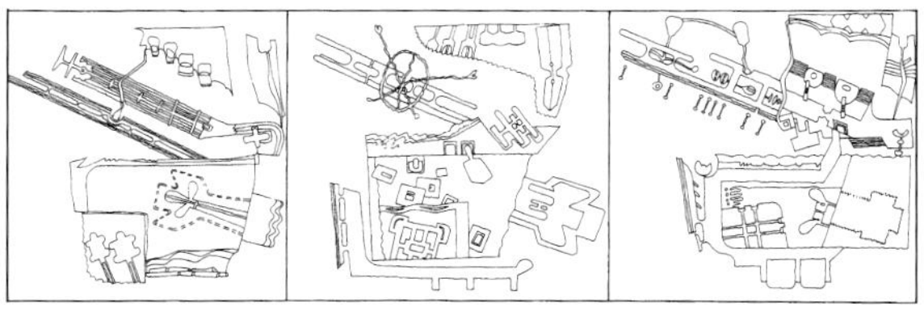

Eine morphologische Reihe von links nach rechts: ein von mehr Erdhaftigkeit zu mehr Architektur hin dekliniertes Grundrißrelief. Die Eigenschaften verdeutlichen sich Schritt für Schritt, um die Nützlichkeit für die Funktionen abzutasten.

Uhl, Deutsch-Französisches Gymnasium, Berlin-Tiergarten, Wettbewerb, 1966: Grundrißentwicklung

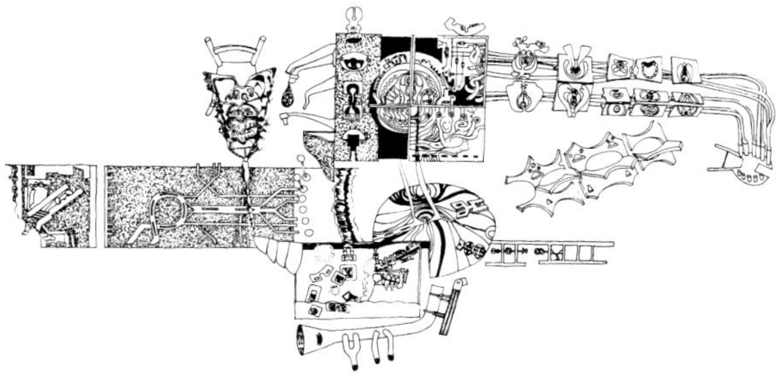

Konzept eines technoiden Erschließungssystems, einmal aufs ganze Haus ausgebreitet und als dürre Metallplastik aufgestellt. Ein Organ hängt an der Nabelschnur.

Ausführlicheres Erschließungssystem: wie Versuchsanordnungen für den Naturkundeunterricht, mit Räumen versehen, mit Sandkastenspielen, mit den verkleinerten Bausteinen eines zukünftigen Entwurfs, mit einem bebänderten Verkehrserschließungssystem und dem Organ, das sich auf den Stuhl gesetzt hat.

Alles in einem Entwurf zusammengehalten. Die Orte erzählen von den verschiedenen Zwischenzuständen: Organoide Räume für die Unterstufe, Sandkastenspiele für den Kunstunterricht, technoides Informationssystem in der Eingangshalle.

Aufgabe: Eigenschaften aus verschiedenen Medien in einem neuen Entwurf aufblühen lassen, dort aber parallel und/ oder nacheinander in verschiedenen medialen Zuständen vorkommen und abwechselnd dominant werden lassen.

Ein Joch aus der Basilika des Andrea Palladio wird zum Vorbild für Regeln, die über den Umweg der Abstraktion, isoliert, in neue Medien übertragen und dort neu verfügbar gemacht werden.

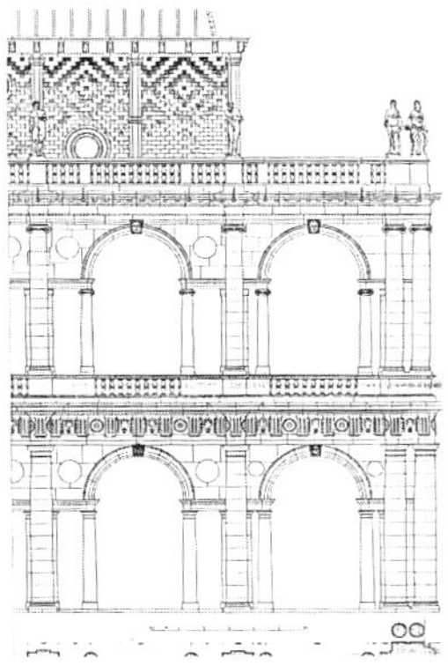

Das Vorbild: Ein Joch aus der Basilika des Andrea Palladio in Vicenza.

Die Zeichnung reflektiert, isometrisch, in drei Varianten, die Regeln des Palladio-Motivs, intendiert ist eine Überführung in dürre Metallprofile für eine Stahlplastik.

Uhl, Bühnenbild Leonce und Lena, 1960

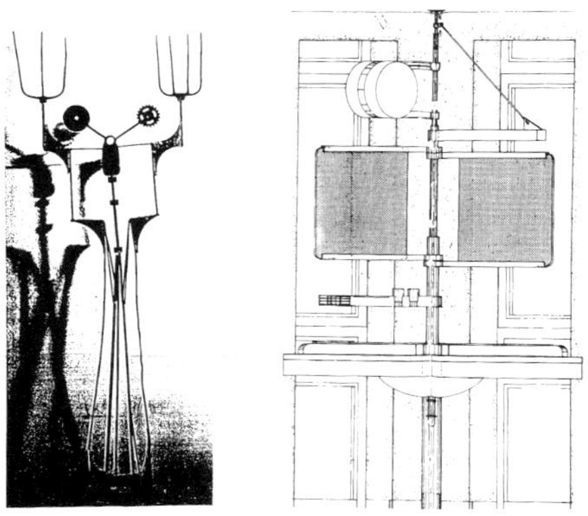

Die Stahlplastik wird ihrerseits zum Vorbild. Übertragen in ein anderes Medium wird sie zum einfüßigen Waschtisch, der klappen kann. Hier als technische Zeichnung.

Uhl, Waschtisch, 1985

Der Waschtisch im Badezimmer. Ein kleines Beispiel, wie Regeln über den Umweg der Abstraktion aus steinernen Verhältnissen in eine Metallkonstruktion (mit Granitplatte) übertragen werden können, die man überdies auch noch gebrauchen kann.

Uhl, Waschtisch, 1985

Fritz Schumacher: „Schon beim Entstehen der Idee beginnt eine erdgebundene Phantasie, die Wesenlosigkeit ungehemmter Phantasievorstellungen zu lenken. Darin liegt keine Beeinträchtigung, sondern eine Förderung."

Vier sehr verschiedene Erläuterungen zum Mediensprung: viermal eine Eigenschaft, die sich in unterschiedlichen Medien bricht, zuweilen unerwartet, man ist es nicht gewöhnt, die Eigenschaften eines Baumes mit einer Wassersäule gleichzusetzen, oder einen Sandhaufen mit einer Blechpyramide.

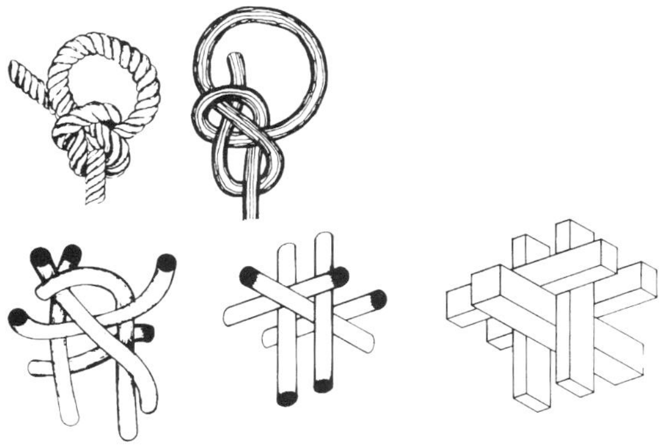

Hier ist die Übertragung einer Regel aus einem Medium in ein anderes auf den Punkt gebracht. Die einfache Entwicklungsreihe thematisiert eine Verknotung, bei der besonders die Veränderungen der einzelnen konstruktiven Strukturformen bedingt durch das jeweils ganz andere Material auffällt: verknotetes Hanfseil, Elektrokabel, Rundstahl, Holzprofil.

Studentenarbeit, 1972

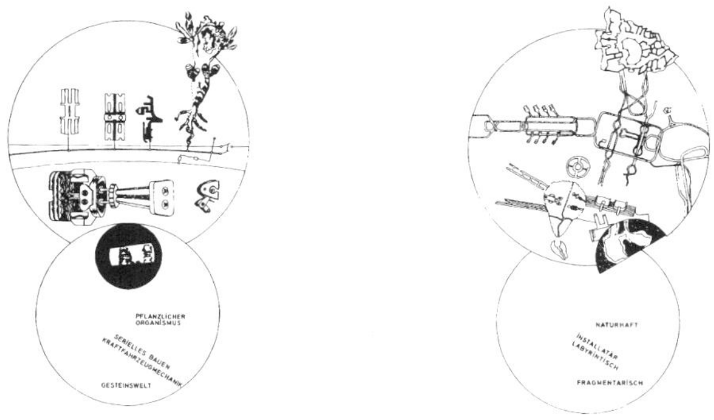

Links die Wünsche: Orte sollen wirken wie Pflanzen, wie serielle Konstruktionen, wie bewegliche mechanische Elemente, wie Mineralien. Rechts generelle Architekturtypen, die durch die Wünsche inspiriert sind. Sie ahnen zwar schon das Programm (kleinteilige Räume, Erschliessungssysteme, Außenanlage), aber noch sind sie träumerisch.

Uhl, Deutsch-Französisches Gymnasium, Berlin-Tiergarten, Wettbewerb, 1966: Grundrißentwicklung

Die Regeln der Bewegungsreihe ‘sich aufrichten, stehen, kippelig, Schwankendes tragen’ bilden sich in drei Medien ab: in der Wassersäule, in Bäumen, in den architektonischen Säulen.

Schloßpark Glienicke, Löwenfontäne

Noch einmal: 3 Pyramiden in unterschiedlichen konstruktiven Strukturformen:
bewachsene Sandpyramide,
Blechpyramiden,
virtuelle Pyramiden zwischen Zugstäben.

Uhl, Hochregallager, Blumberg, 1993: Baustelle

Aufgabe: Das Gefühl für die konstruktive Materialität schüren, indem man den Zusammenhang zwischen gewähltem Material und konstruktiver Strukturform übersteigert darstellt oder bewußt die falsche Materialwahl fällt und eine diesem Zusammenhang fremde Konstruktionsform übernimmt, bzw. beim zweiten Schritt beibehält. Dann: Dreimal die gleichen Regeln in drei verschiedene Medien tauchen, dreimal unterschiedlich abstrakt. Die Ausführlichkeit und die Verständlichkeit läßt nach. Der Abstraktionsgrad nimmt zu. Die einfachen Verhältnisse könnten die unverständlicheren sein. Sie erzählen noch nicht über sich.

Beeindruckende Vorbilder aus der Architektur für den eigenen Entwurf zu verwenden, erfordert List, denn sie tyrannisieren die Vorstellungskraft.

Welche Listen können helfen, diese Lieblinge zu verarbeiten, ohne zum Plagiator zu werden und ohne die Zitate zu willkürlichen Formen verkommen zu lassen?

Eine Möglichkeit: Die Vorlagen müssen sich im Weg stehen, dann löschen sie einander aus. Deshalb ist es methodisch hilfreich, gleichzeitig mehrere Beispiele aus verschiedenen Landschaften oder Zeiten oder Stilen als Quelle zu verwerten.

Eine anderer Gedanke, (der ganz schwer zu formulieren ist): Die Vorbilder können ohne durchgreifende Übersetzung, quasi als Zitate dann gehalten werden, wenn der neue Zusammenhalt sie in ihrem „So-sein“ thematisiert, reflektiert und sie einbindet, als wären sie ursprünglich für ihn vorgeformt, als hätten die Zitate es vorher gewußt, wo sie hingehören, ganz so, als ob die hinzukommenden Ordnungen sie erst zu Ende geformt hätten...

Ein Vorbild, das Verwendung finden soll in einem Berliner Wohnhaus: Eckturm in Sevilla.

Das Berliner Wohnhaus auf der Ecke hat von verschiedenen Vorbildern gelernt: Brücke und Portal, der sevillanische Baukasten, Backsteinformen der Jahrhundertwende, die Streifen der 20er Jahre.

Uhl, Wohnhaus, Berlin-Wedding, 1982–83

Die Collage, in der die gefundenen Teile wie unsichtbare Formen ertrinken, weil die neuen Kompositionsformen, besser Kompositionsregeln, stärker waren. Kein Teil fällt auf oder heraus. Der sevillanische Baukasten konnte als Zitat gehalten werden, ohne daß er zu einem aufdringlichen Ornament verkommen ist.

Uhl, Wohnhaus, Berlin-Wedding, 1982–83

So geht das auch mit den Streifen der 20er Jahre. Sie bebändern über alle Knicke im Grundriß hinweg und halten so die gefalteten Bauformen zusammen.

Uhl, Wohnhaus, Lynar- und Willdenowstraße Berlin-Wedding, 1982–83

Etwas Schwieriges: Die Lust und Neigung, Eigenschaften und ihre Verknüpfungen von einem Medium direkt ins andere zu übertragen, ist verständlich.

Einerseits ist es wirklich so, daß die Regeln, die auf ein Medium mit seinen ihm eigenen Eigenschaften einwirken, ablösbar, vergleichbar, scheinbar austauschbar sind. Aber eben doch nur scheinbar. Die Logik der Komposition hat nicht nur übergeordnete Regeln, sondern auch im jeweiligen Medium gefundene und aus dem Zusammenhang geborene Regeln. Und die sind eben nicht einfach ohne Übersetzung in andere Medien übertragbar.

Eine echte Baustelle auf der Straße, in der unmittelbaren Nachbarschaft zu einer artifiziellen, die als dekorativer Hintergrund für Pretiosen im Schaufenster aufgebaut wurde. Als Reaktion? Oder Zufall, wie auch immer: Übersetzung war nicht nötig, die Wiederholung reicht aus.

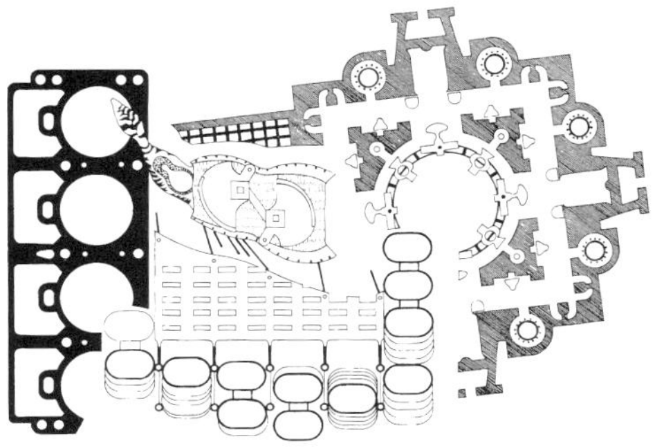

Mißlungener Übersetzungsversuch: Zylinderkopfdichtung im Grundriß eines Entwurfes für Wohnungen im entleerten Kirchenraum. Als Vorbild im Grundriß unbrauchbar, weil die Dichtung keine horizontale Öffnung für die angedachten Portale vorsieht.

Uhl, Stadtutopien: Umnutzung einer Kirche, aufgefüllt mit Wohncontainern, Paris Biennale 1969

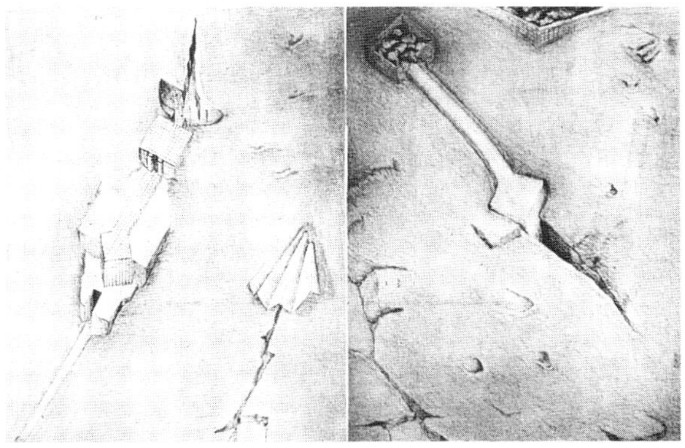

Übersetzungsversuch vorsichtig: Die Vorbilder sind eine Quelle, eine Rinne und ein in den Hang hineintropfender Wasserfall. Als Regeln auf einen Hausentwurf übertragen werden sie zum konischen Halbkreis, entleert in ein Rinnenhaus, und als Verbreiterung am Ende zu einem gläsernen Wasserfall.

Geneviève Lauffenberg, Variationen Naturrinne/ Rinnenhaus, 1977

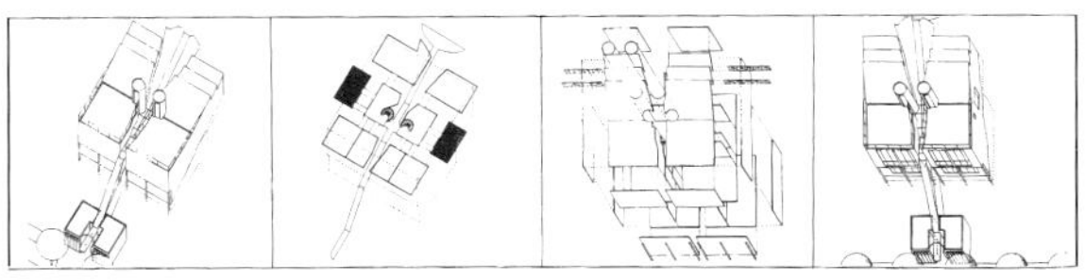

Die Regeln „Quelle, Rinne, Wasserfall“ auf vier Strukturebenen geprüft: als Erschließungsfolgen, als konstruktives System (Fertigteile), als Grundriß mit Nutzungsverteilung, als reine Kubusgeometrie.

Geneviève Lauffenberg, Variationen Naturrinne/ Rinnenhaus, 1977

Fritz Schumacher: „Wir sehen, daß es eine technische Wahrheit gibt, die ihre Forderungen stellt an Materialgerechtigkeit und Funktionsgerechtigkeit der Konstruktion, und daß eine künstlerische Wahrheit ihre Rechte geltend macht, sobald wir von Material und Funktion zur Frage der Form vordringen, in der sie sich äußern wollen.“

Eine andere Beobachtung: Teile verwandeln sich augenscheinlich, je nachdem, in welcher Nachbarschaft sie stehen, ohne sich dabei tatsächlich zu ändern. Sie haben Möglichkeiten, immer wieder den Zustand des anderen Mediums anzunehmen und durch das andere, neue Medium, das sie umgibt, verändert zu erscheinen.

Stählerne Tischfüße auf der Baustelle wirken wie Teile der Baustelle, hier wie Schrott.

Uhl, Tischgestellobjekte, 1985

Ein Tischfuß im Garten, wie ein Baumstumpf.

Die Füße drinnen sind wirklich Tischfüße.

Vor der Dampfwalze wie technische Ausrüstung.

Der Mediensprung wird voll ausgespielt, wenn Orte im Park sich gegenseitig ursprünglich fremde Zustände ausleihen und sich dabei real verändern.

Bäume mit kugelförmig geometrischem Zuschnitt haben die Regeln aus der Architektur (oder aus der Geometrie) übernommen.

Schloßpark Sanssouci (Potsdam): Terrassen des Weinbergs, ab 1744–47

Die tragenden Bauteile des versteinerten Gebäudes stellen sich wie übergroße bewegliche menschliche Figuren vor.

Schloßpark Sanssouci (Potsdam): Seitenflügel, ab 1745

Formen massiver Pfeiler oder Halbsäulen, sind zu feingliedrigen Gittern ohne Berankung ausgetrocknet.

Schloßpark Sanssouci (Potsdam): Knobelsdorffsche Kolonadengitter

Das Gebüsch wie eine schlängelnde Mauer. Fremde Regeln, von der Architekur ausgeliehen, haben es überformt.

Schloßpark Sanssouci (Potsdam)

Was heißt das für einen Entwurf, der noch im Entstehen ist, wenn noch offen, noch unentschieden ist, in welchem Medium die vorgesehenen Orte konkret werden könnten. Oder anders: Wenn die Architektur noch gar nicht weiß, ob sie ihre Eigenschaften beispielsweise mehr aus den Pflanzen bezieht oder aus der Konstruktion.

Eine Antwort ist: lange den Entwurf oder die einzelnen Entwurfsschritte in der Skizze halten; denn die Eigenschaften können sich in jedem Medium brechen: in der Gartenkunst, der Bildhauerei, der Architektur ...

Methodisch heißt das: die Antworten auf die verschiedenen Probleme werden gleichzeitig in den verschiedenen Medien gesucht. Das klärt die Chancen der Lösung im jeweiligen Medium und macht die eigene Vorgehensweise bewußt.

So werden Überlagerungen oder Abhängigkeiten der verschiedenen Anforderungen im Entwurf, im Zusammenspiel mit verschiedenen möglichen Zuständen deutlich. Es wird verständlich, warum zu Recht in einem Entwurf das eine oder das andere Medium dominant werden muß.

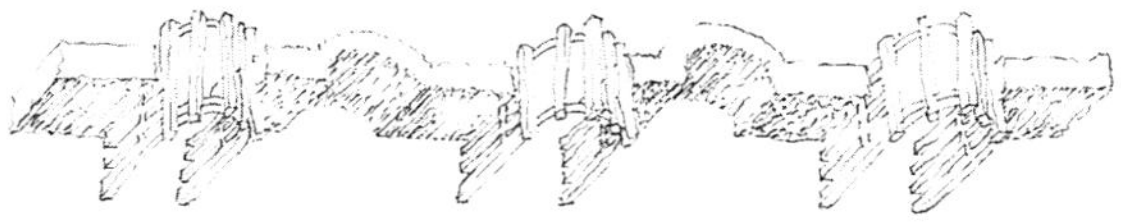

Ein Entwurfsbeispiel: Die Orte eines zukünftigen Entwurfs (Wohnungen im Grunewald) bilden erstmal eine grüne langgezogene Hecke mit Nischen und Toren. Das Vorbild war die grüne Mauer, die aus der steinernen Mauer in Sanssouci gelernt hat.

Uhl, Villen im Park, Berlin-Grunewald, Gutachten, 1980

Sie sind Pergolen, ...

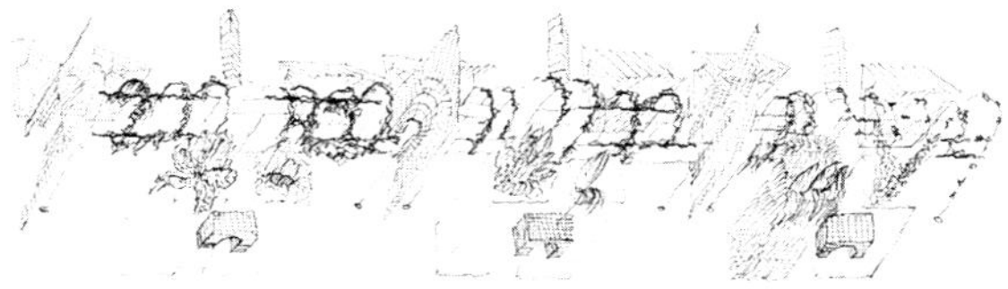

... Pflanzgerüste, Wintergärten, Büsche und Portale, ...

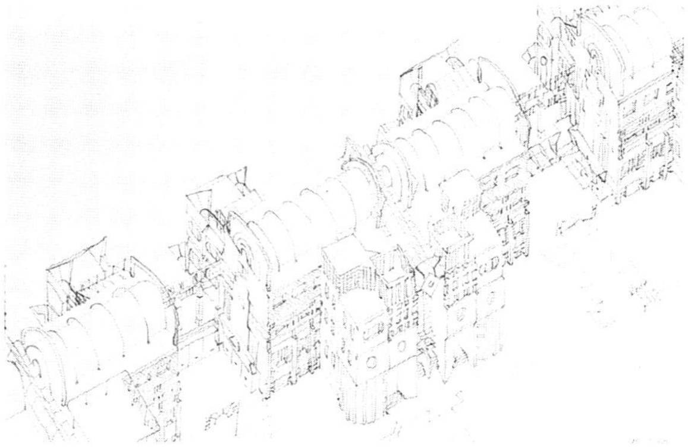

... werden Häuser. Häuser wie Pflanzgerüste.

Fritz Schumacher: „Sobald ein Baukünstler beginnt, konkrete Vorstellungen zu bekommen, muß er aufhören, die Architektur gleichsam nur als neutrales Linienspiel zu sehen – das sie Vielen dauernd bleibt."

Ein zweites Entwurfsbeispiel, ein Sektions- und Laborbereich für das Institut für Rechtsmedizin der Freien Universität Berlin in Dahlem. Der Entwurf reagiert auf den Ort und auf das Programm (das Haus wird die Toten beherbergen), er hat von den Steinen in der Endmoränenlandschaft gelernt.

Die Aufgabe an den Entwurf war: kein wirklich sichtbares Haus im Park. Und: anhaltende Ruhe, wie sie nur Steine schenken können.

Deshalb: Die Gebäude sollten wie Steine werden, nicht Form, nicht Bauformen. Die inneren Verhältnisse, die Regeln der medialen Zustände sollten sich einprägen. Das ist dann mehr als eine Beschreibung durch Formen.

Steine, die schiefrig schieben oder kippelig schaukeln. Gesammelt am Hang der eiszeitlichen Rinne in der Nähe eines kleinen Teiches und neu gelegt an den sanften Schwung der Mulde jenseits der Straße, ein Stein liegt auf dem Rücken wie ein welkes Blatt, das sich rollt und auftut nach oben, der andere schiebt schiefrig.

Uhl, Sektions- und Laborbereich, Institut für Rechtsmedizin FU Berlin, Bauwettbewerb, 1986

Darüber die beiden Häuser wie zwei Steine, die sich ausruhen im Park, die nicht zu Architektur werden, die Findlinge bleiben wollen.

Die Gebäude: Eines liegt auf dem Rücken, das andere ist in Scheiben zerlegt, die sich übereinanderschieben.

Das Äußere der Gebäude entspricht den Charakteristika der Umgebung. Innen dominieren einfach und direkt zugeordnet die Funktionen.

Der Mediensprung: Vom abstrakten Strich über die Skulptur zum konkreten Gebäude.

Der Entwurf für das Palais des Bundespräsidenten in Nachbarschaft zum Schloß Bellevue in Tiergarten.

Er beginnt mit Notizen bei einem Spaziergang durch den Tiergarten, die auf dem Zeichentisch lagen, bis der Entwurf zu Ende gedacht war.

Die konventionellen Planzeichnungen sagen aus: Der Hof als schräger, künstlicher, halb versenkter Garten neigt sich dem Schloß zu. Ein Graben, mal schmal, mal landschaftlich, isoliert die Bebauung wie eine Insel. Zwei geschwungene und voneinander abgerückte Flügel schließen den künstlichen Garten ein, erscheinen aber zum Schloß Bellevue hin wie eine geöffnete Hand. Zwischen den abgerückten Flügeln Sichtbeziehung zum Tiergarten.

Die Gebäudehöhe bleibt mit 12,50m unterhalb der Baumkronen. Die Schräglage des Hofes ermöglicht verschiedene Zugänge: geschützt unten, über eine Pergola außen, über Treppen neben den Steinkaskaden, über Querverbindungen innen und außen (Erschliessungsebene auf halber Höhe). Im künstlichen Garten werden alle Möglichkeiten der Verwandlung durchgespielt: geometrische Pflanzen (beschnittene Bäume), organische Architekturformen (Pilzstützen), Graspyramiden, Glaspyramiden ...

Verwandlung auch von einem zum nächsten Gebäudeteil: Der im Graben stehende Sockel ist mit Klinkern verkleidet, der gebogene Flügel auf der Straßenseite schwebt über Mittelstützen (das Erdgeschoß bleibt frei) und ist mit Glas und Metall gebändert. Der symmetrisch aufgebaute, halbe Trichter (auf der Tiergartenseite) ist nach außen leicht schräg gestellt und senkrecht gefächert.

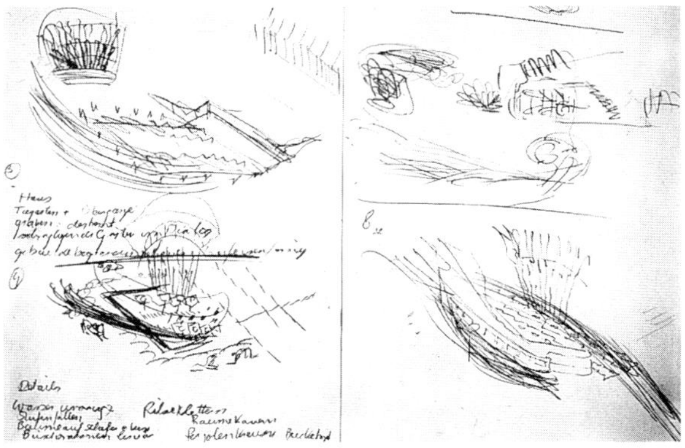

Ein dritter Entwurf: Das Palais des Bundespräsidenten. Eigenschaften vor Ort, im Tiergarten absichtsvoll gesammelt.

Uhl, Wettbewerb Bundespräsidialamt, 1994: Entwurfsskizzen

Die gefundenen Eigenschaften werden konzentriert und dem Ort zurückgegeben. Risse tun sich auf, Insel bildet sich, Boden wirft sich, zwei exotische Pflanzen sprießen, Bäume wandern an den Rand.

Uhl, Wettbewerb Bundespräsidialamt, 1994: Entwurfsskizzen

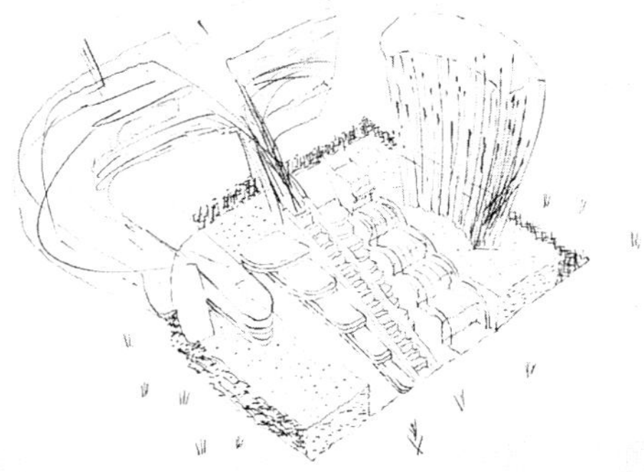

Die exotischen Pflanzen versteinern, Wasser sprudelt, Kaskaden fallen, Treppen steigen, Graben umringt. Der Entwurf als natürlicher Organismus. Wieviel Regeln aus dem Medium Natur sollen gehalten werden? Wieviel soll als Architektur versteinern?

Uhl, Wettbewerb Bundespräsidialamt, 1994: Entwurfsskizzen

Der Entwurf im Modell. Die Inszenierung der Raumfolgen ist das erste. Sie weist den Orten ihre Rollen zu. Dann werden die Raumcharakteristika in Stein und Glas als architektonische Strukturen überfroren oder nutzen das Wechselspiel von Wasser und Grün im Steingarten. Architecture parlante.

Uhl, Wettbewerb Bundespräsidialamt, 1994: Modell

Das Neue eines Entwurfs liegt nicht in der ungewohnten, überraschenden Form, nicht in der aufregenden Form, auch nicht in den einprägsamen gestischen Formen, sondern in den neuen Zusammenhängen, die die Gesten, die Formen, die konstruktiven Verhältnisse, die materialen Zustände miteinander verbinden. Enträtseln heißt dann, die Formveränderungen zu beobachten und so die Zusammenhänge, die Relationen herauszulesen, die sich in ihnen abbilden.

Die Raumfolgen im Innern: Gerichtete Arbeitsräume mit gleichmäßigen Achsen, aber keine schematischen Flure. Alle Zwischenräume haben den Charakter von Gesellschaftsräumen; z.B. beginnt eine verglaste Bibliothek hinter der Pförtnerloge (Holzinseln), die Haupttreppe ist schräg in den offenen Raum gestellt, mit Sitzstufen zu beiden Seiten (Kaskaden), die Konferenzräume sind als organische Baukörper (wie Steine) in den fließenden Raum eingestellt, der innere Verbindungssteg schwebt darüber (Plug-in-Konstruktion), von allen Abteilungen gleichermaßen zugänglich (die Registratur). Die Bewegung der Gebäudeflügel und die eingeschobenen, durchgesteckten, schräggestellten oder herausgedrehten Bauteile geben den verschiedenen Nutzungsanforderungen Raum: z.B. ermöglicht ein durchgehender Verbindungssteg die zentrale Lage der Registratur, erschließt aber auch eine Abteilung im trichterförmigen Flügel oberhalb des Bundespräsidenten a.D., dessen Erdgeschoßresidenz sich dadurch isoliert. Oder: Die Schräglage des künstlichen Gartens ermöglicht eine Vielfalt von Wegen, hoch und quer, und schafft natürliche Belichtung vom Innenhof aus (Kantine, Cafeteria).

Die geschwungenen Flügel mit der geringen Bautiefe (5 m Raumtiefe) bereiten die natürliche Belichtung und Belüftung der Räume durch Kastenfenster vor. Aus allen Räumen Weitblick.

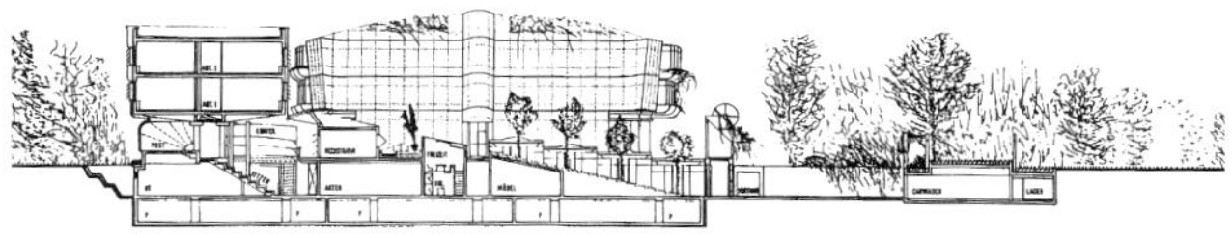

Schnitt durch den ansteigenden Garten:
EG: Gesellschaftsräume, Archiv
1. UG: Tagung, Foyer, Lager
2. UG: Tiefgarage

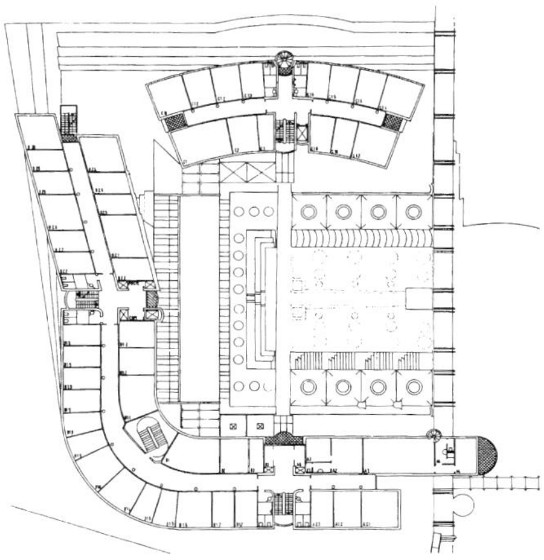

Grundriß 1. OG
Büroräume

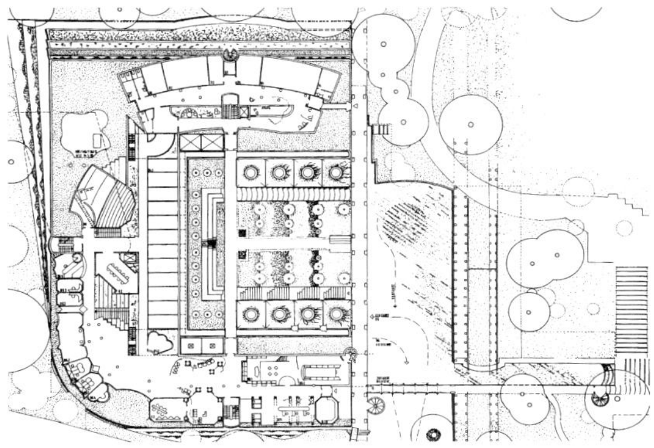

Grundriß EG
Eingangsgeschoß mit Pförtner, Telefon, Wartebereich, Bibliothek, Poststelle, Archiv, Tagungsräumen, Zugang Bundespräsident a.D.

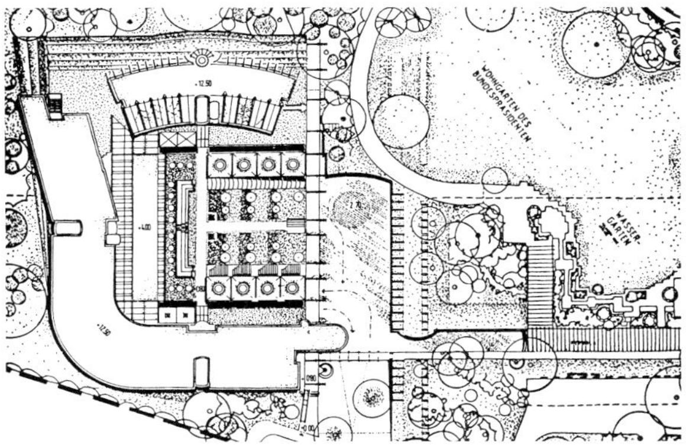

Dachaufsicht:
Verdeckte Vorfahrt und Übergang zum Schloß, Steingarten

Fritz Schumacher: „Diese Erkenntnis muß uns ein Ansporn dazu sein, den Ausdruck des kulturellen Wesens unserer Zeit nicht in Formen irgendwelcher Art zu suchen, sondern in der charaktervollen Gestalt der baulichen Organismen, die wir zu schaffen haben. Der Organismus selber ist die unserer Zeit gemäße Form, nicht das, was sich im einzelnen an ihm ausgebildet zeigt. Die Art, wie diese architektonische Form des Bauwerks geprägt wird, kann vielleicht doch Züge in sich tragen, die als gemeinsames Gut unserer Zeit erscheinen und den Stilbegriff früherer Epochen umwerten."

Kapitel 6
Der Bildraum der Zeichnung

Der Bildraum der Zeichnung ist nicht identisch mit dem Raum der Perspektive, obwohl auch die Perspektive einen Bildraum herstellt, der sich einem wirklich wahrgenommenen Raum durch Ähnlichkeit annähert. Der Bildraum entsteht durch die Fähigkeit der Striche, sich zu verräumlichen durch Überlagerungen, durch Diagonalen, die in die Tiefe führen, durch ihre Beweglichkeit und durch eine mit Energie aufgeladene Leere zwischen ihnen. Wir sprechen von durchsichtigen Zeichnungen, deren Vordergrund den Blick freigibt auf die bewegten Striche im Hintergrund.

Die Striche „sind an Häufung interessiert“ (Max Bense). Sie gerinnen zu einzelnen Strichfiguren und wiederholen gestisch die Eigenschaften und Verknüpfungen, die sie reflektieren. So kommt es zu den sehr unterschiedlichen Strichen, zu Strichmustern, zu Strichbündeln und zu Gesten des konfigurativen Zusammenhaltes.

Die Gesten der Striche halten die räumlichen Zusammenhänge fest. Doch das Festhalten genügt ihnen nicht. Im Augenblick, da der Strich sich als Geste auf dem Papier bekundet, schafft er neue räumliche Zusammenhänge und füllt sie mit neuen Bedeutungen. Er gibt dann Verhältnisse wieder, die sich in der Vorstellung gebildet haben, nachdem man durch den Vordergrund der sichtbaren Formen hindurchgeschaut hat.

Striche überlagern sich und schaffen Raum.

4.7.1996

Die Diagonalen heben sich vom Blatt und führen in die Tiefe. Wirkung: wie von der Seite gesehen. Die Striche tasten so die Orte ab.

28.6.1992

Schlaufige Zusammenhänge oder dürre Strichmuster, die versickern, Platz machen, Leere schaffen. Die Leere agiert mit, wird körperlich, als ob das weiße Blatt dort ein Relief geworden wäre, obwohl da nichts ist. Nur eben Raum zum Weiterdenken, zum Imaginieren.

27.1.1995

Auch die traditionelle Perspektive kann diese hinzukommenden Chancen der Stricherzählungen nutzen, ohne auf die ihr eigene sonntägliche Schönheit zu verzichten.

Uhl, Wettbewerb, Moabiter Werder, Berlin, 1990

Es geht nicht um die per Zeichnung hergestellte Illusion von wirklichem Raum auf dem ebenen Papier, sondern es geht um die Erzeugung von Raum durch Strichdichte, Strichart, Strichgestik und die Leere zwischen ihnen. Der Bildraum der Zeichnung kann den Raum der Vorlage (des Modells) nachempfinden (zuerst), doch die interpretierende Vorstellung des Zeichners löst sich immer mehr von dem, was er sieht, sie verschiebt Horizonte, vertauscht Plätze, verändert Bedeutungen. Auf der Zeichnung wird Raum erzeugt, nicht abgebildet.

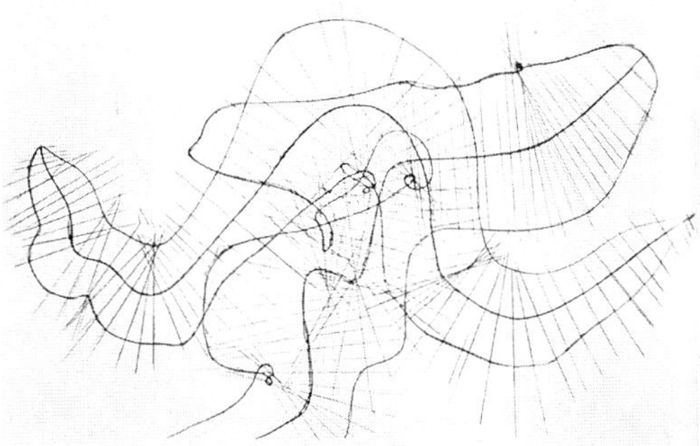

Paul Klee reflektiert räumliches Ineinandersein als sich in Wellenbewegungen akzentuierende Striche, materiallos.

Paul Klee, Frei gestalteter poyphoner Organismus, undatiert

Verräumlichung im gebautenRaum: Architektur, die wie ineinander steht.

Hardy Holzman Pfeiffer Ass., Columbus Occupational Health Center, Indiana, 1974

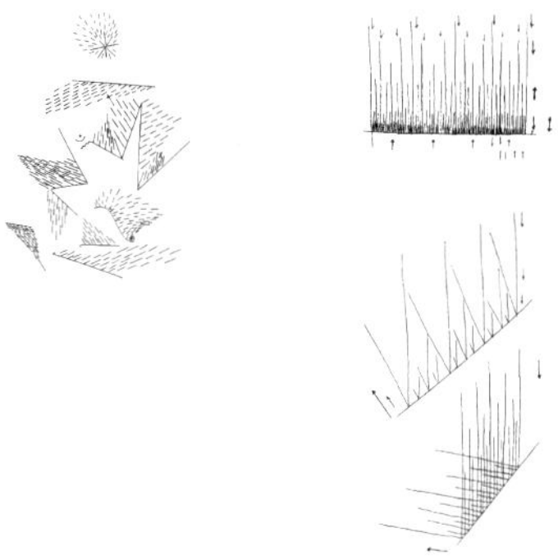

Klee spricht von „der Überlagerung von Voraussetzungen, Wegen und Erscheinung“. Er reflektiert diagonale „Grenzflächen, außen, innen“.

Paul Klee, 1927–31

Gebaute Strichmuster, labile Verdichtung.

Günter Behnisch, Hysolar Forschungs- und Institutsgebäude, Stuttgart, 1987

Klee reflektiert „abgestufte Akzentuierungen“, die verräumlichen können.

Paul Klee, o.T., nach Spiller

Vordergrund – Hintergrund: unterschiedliche Raumdichten auf einer Baustelle.

Uhl, Forschungs- und Laborgebäude, 1992: Baustelle

Frontale Seitenansicht, grundrißliche und perspektivische Elemente simultan.

Paul Klee, Der L-Platz im Bau, 1923, Schema nach Spiller

Gebaute Simultaneität unterschiedlicher Projektionsflächen, ohne Anfang und Ende.

Le Corbusier, Philips Pavillon, Weltausstellung Brüssel, 1957

Aufgabe: Darstellungstypen suchen, die gleichzeitig verschiedene Blickpunkte und Projektionsformen aufmischen. Architekturtypen suchen, die davon gelernt haben. Dann: Darstellungen suchen, in denen die Architekturteile wie materiallos, eben nur als Striche, ineinander stehen. Architekturen suchen, die die Gleichzeitigkeit von Innen und Außen und die Durchdringung ganz unterschiedlicher Architekturtypologien suchen.

Wir unterscheiden also zwischen raumabbildenden Zeichnungstypen (wie zum Beispiel der althergebrachten Perspektive oder der Einblicks-Isometrie mit ihrer Darstellung von innen und außen gleichzeitig) und der raumerzeugenden Zeichnung. Die raumerzeugende Zeichnung ist eine interpretierende Zeichnung, die aus den festen und fragilen Räumlichkeiten der architektonischen Vorbilder gelernt hat und durch eigenständige Striche (nach eigener Vorstellung) diese Räumlichkeiten von neuem herstellt. Da beginnt dann der unbewegliche steinerne Löwe im Bildhintergrund und greift bis nach vorn.

Der architektonische Entwurf entsteht nicht anders: In der Vorstellung geborene räumliche Dispositionen äußern sich im Bildraum der Zeichnung als überlagerte Striche. Die Dreidimensionalität der Architektur wird nicht durch 3D-Zeichnungen simuliert, denn das hilft nicht bei der Suche nach Lösungen, (im Gegenteil, die Zeichnungen suggerieren Vollständigkeit, wo noch keine sein kann).

Die naive perspektivische Zeichnung (nach Vorbild), die die Möglichkeiten verschiedener Projektionsformen oder abstrakter Akzentuierung ausläßt, findet oft den größeren Applaus.

Uhl, Wohnungsbauwettbewerb Moabiter Werder, 1990: Spreebeleuchtung

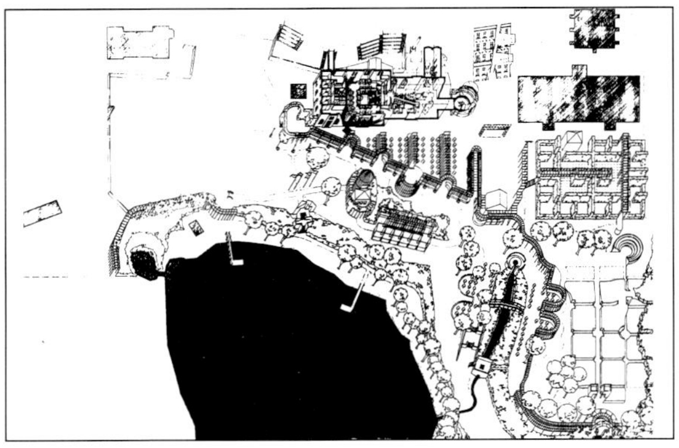

Die Einblicks-Isometrie, eine Spielart der technischen Zeichnung, gibt sich räumlich, dreidimensional und transparent. Innenraum des Kesselhauses und Maschinenhauses eines Technikmuseums und Außenraum des neuen romantischen Landschaftsgartens mit Fundstücken und einer verschlungenen Pergola.

Uhl, Umbau des Pumpwerks am Teufelssee, Berlin, in ein Technikmuseum mit Theater, Restaurant und Park, Entwurf, 1977–78

Löwenfontäne imaginierbar: Feste und fragile Räumlichkeit der Striche.

9.6.1996

Kirche und Schloß. Paul Klee denkt über „Perspektiven“ nach.

Paul Klee, Kirche und Schloß, 1929

Pumpwerk und Steg und wilder Park am Teufelssee. Großer Vordergrund, sich verlierender Hintergrund.

Romantisches Technikmuseum träumt vor sich hin; verschlossen, der Blick bleibt außen hängen.

Technikmuseum, Berlin-Grunewald

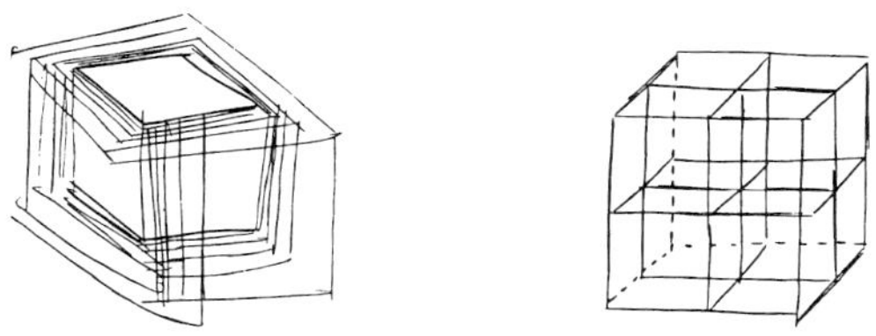

Klee reflektiert: räumlich dreidimensional und transparent.

Paul Klee, o.T., nach Spiller

Eine simultane Projektion, bei der sich Grundriß und Aufriß durchdringen. Darstellung dem Wesen der Erscheinung nach.

Paul Klee, Gartenplan, 1922, lineares Schema nach Spiller

Die Löwenfontäne. Gebaute, umbaute, fragile Räumlichkeiten.

Schloßpark Glienicke: Schloß und Löwenfontäne

Aufgabe: Darstellungen üben, abgestufte Akzentuierungen (Verdichtungen, Verdünnungen) und die Konturen der umgebenden Hüllen auslassen. Architekturtypen unterschiedlicher Raumdichten suchen, die davon gelernt haben. Dann: Zeichnungen, die diagonale Grenzflächen suchen, die in die Tiefe führen. Gebäudeteile suchen, die davon gelernt haben; die „diejenigen Kräfte herauslesen, die beim Entstehen des Werkes wirksam waren“ (Günter Behnisch).

Kapitel 7
Der Architekturraum

Gefunden im Landschaftspark: Verwitterungsschaden im Sockel der Orangerie, Vertiefung wie ausgefranst. Gefäß, das unambitioniert Füllung aufnehmen kann.

Schloßpark Glienicke, Berlin

Die Allee neben dem Weg, Typus Rinne, hier mit abgestufter Akzentuierung.

Lochfenster in der Reihe werden durch die vordere Fassadenebene, die die Dachkante der ehemaligen Bebauung wie ein Scherenschnitt nachzeichnet, unregelmäßig ausgefranst.

Uhl, Wettbewerb Wohnen in der Friedrichstraße- Berlin, 1980: Isometrie

Parallelstellung der Torbauten, die mit Wohnungen gefüllt sind und der Torbauten, die die Zugänge zum Park signalisieren.

Herausgebrochene Steine vor Kellerfenstern.

Wohn- und Geschäftshaus Haubachstraße, Berlin-Charlottenburg, 1981-1985

Die große Rinne: Straßenflucht mit bebauter Lücke.

Durchbruch für Lüftungsrohre, ein Loch, quasi wie ein Durchschuß, mit unstrukturierten Wandungen.

Uhl, Hochregallager, Blumberg, 1993

Die Rinne wörtlich genommen: Wasserrinne mit eingebautem Gefälle von 4% zwischen den Dachpyramiden.

Eine Sammlung archetypischer Raumkonzepte, in jeweils verschiedenen Medien gefunden:
Zunächst in versteinerten Orten oder auch in der Natur des Landschaftsparks Glienicke; dann im Medium raumabbildender Zeichnungen eines Wettbewerbsentwurfes zum Wohnen in der Friedrichstadt, die Eigenschaften sind noch im phantastischen Zustand; dann in Bauteilen eines Wohnhauses in einer Baulücke in Berlin Charlottenburg, die diese Eigenschaften realisieren; zuletzt in einem Industriebau, einem Hochregallager. Jedes dieser Konzepte (zu lesen von oben nach unten) ist eine Aufgabe für sich.
Linke und rechte Bildreihe mit vertrauten Beispielen: eine Typologie der geometrisierbaren Raumkonzepte.

Gespaltener Baumstumpf, entstanden durch Blitzeinschlag.

Schmarotzende Gewächse, um den Stamm gedreht, schaffen einen Raumknoten, der sich in der Vorstellung zu einem kugeligen Hüllsystem weitab auswachsen kann.

Tor zwischen zwei auseinandergeschobenen Brandgiebeln, die Brandgiebel sind unartikuliert, gesichtslos.

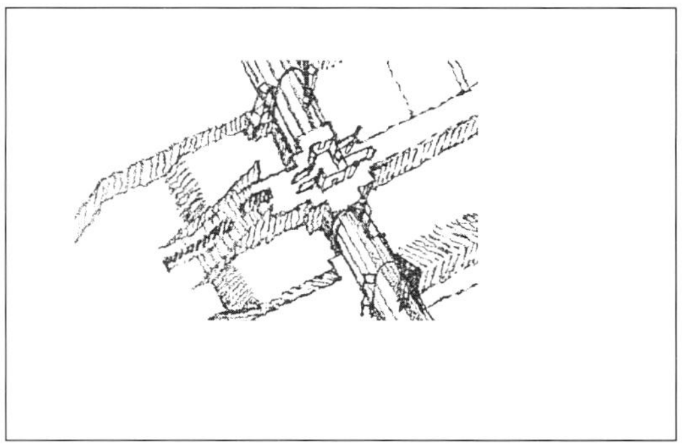

Zwei isolierbare Wegsysteme durchdringen sich. Der Raumknoten ist ausgespart.

Am Dachrand Schrägverglasung, die in die Lücke der aufgesetzten, sich verhakenden Wohngeschosse hineinspringt.

Stahlgeländer schwingen wie Schmarotzerpflanzen um Betonpoller.

Die Silhoutte des Pfeilers wiederholt sich im Scherenschnitt einer weggeschobenen Wandscheibe und schafft so beziehungsreichen Zwischenraum.

Unter dem Mittelpunkt einer halben Pyramide steht der Raumknoten, durch die Überlagerung von Haupt- und Nebenträgern gebildet. Die Gesten der Konstruktion sind im Gegenlicht überdeutlich konturiert.

Linke Bildreihe: Zwischenraum; ursprünglich zusammenhängende Teile werden auseinandergerückt, der Raum zwischen ihnen erzählt von dieser Relation.
Rechte Bildreihe: Ein Raumknoten im Zentrum verweist auf imaginierbaren Umraum, der durch den Knoten angedeutet ist und in der Vorstellung durch ein Hüllsystem rundum begrenzt sein kann.
Der Knoten schafft im Zentrum des angedeuteten Volumens die Vorstellung eines vibrierenden Umraums.

Sich kreuzende Blickachsen im Hof durch Bauten, die auf Lücke stehen, von Turm zu Turm, und dann von Tor zu Tor kann der Blick Zusammenhänge erkennen. Der weite Raum ringsum dringt in den Hof ein, wird hier verflochten und in den rechten Winkel gestellt.

Gefunden: Zwei Plastiken in Konchen. Die eine will herausfallen, ist zu groß für die Konche, die andere ist zu klein, gibt vor, Platz zu schaffen, beunruhigt noch mehr.

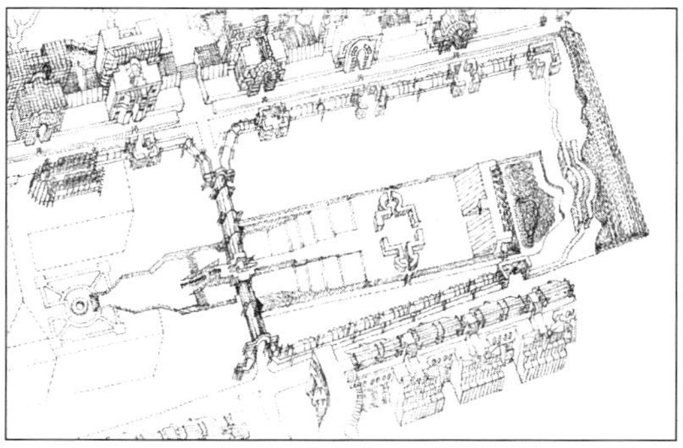

Entwurf für einen zukünftigen Park im Schatten eines historischen Gebäudes. Blickachsen kreuzen sich rechtwinklig in der Mitte. Die Beziehungen werden durch Gartenarchitekturen angedeutet und umrahmt.

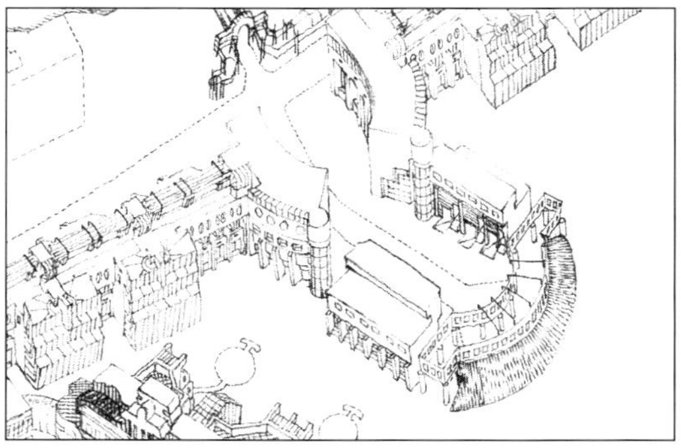

Grundriß, wie ein Lasso mit Schwung in den Stadtraum geworfen, wie noch nicht endgültig fixiert.

Dächer von Charlottenburg. Verschiedene Blickachsen. Der Blick schweift weit, aber Vorgaben rahmen ein.

Schiefe Glasbausteine am Eingang. Eine ganz labile Bewegungsform, die den Platz mitbeansprucht, in den sie hineinfallen könnte. Ausgangspunkt für viele Ondits.

Weiter Blick in die Mark Brandenburg aus der unverglasten Loggia heraus.

Direkte Rohrführung vor der Technikzentrale in das Hochregallager. Die Bewegungsform: Umkippen, aber gerade noch zurückgehalten.

Linke Bildreihe: Raumbildung und Raumwahrnehmung durch Blickachsen; Räume, zusammengehalten wie durch Blicke durch Kimme und Korn. Am Boden sind es die Schneisen, die die Blicke, in der Höhe die Türme, die über alles hinweg den Zusammenhalt schenken.
Rechte Bildreihe: Raum, der Platz vorhalten muß für hineingeworfene oder noch hineinfallende Architekturen, für Bewegungsformen, die immer mehr Platz brauchen, als sie tatsächlich geometrisch einnehmen. Denn diese Architekturen, als Bewegungsformen interpretiert, haben nie ihre endgültige Größe angenommen.

Säulentrommeln. Sie brauchen Platz, um in der Vorstellung ergänzt zu werden. Wie lang sind sie? Wie verqueren sie sich im Boden? Wie waren sie ursprünglich zusammengesetzt? Woher kommen sie?

Der endlose Raum der Mauer, die sich Schritt für Schritt verwandelt und dann noch die Verwandlungsschritte gegen die Erwartung ordnet und grenzenlos Bilder für die persönliche Vorstellung vorbereitet hat.

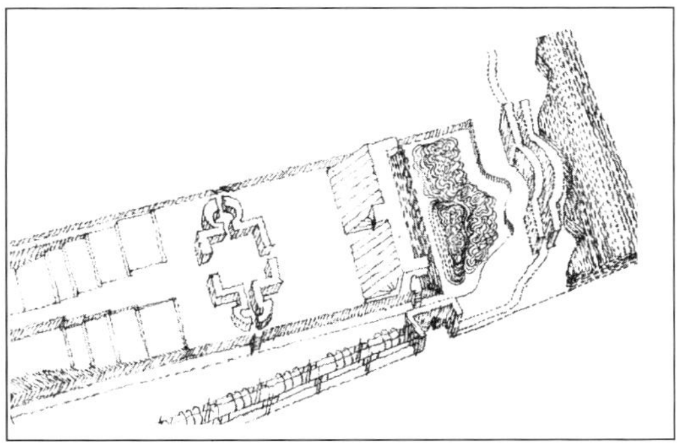

Unendliche Weite wird durch die Wiederholung kurviger Horizonte in verschiedenen Höhen vorgetäuscht. Der Blick endet bei den Schwüngen der Wolken.

Torhäuser, der Reihe nach sich verwandelnd, von einfach zu reich, in erwarteter logischer Kette. Infinite Bauformen, die offene Reihen nach beiden Richtungen für die Vorstellung angedeutet haben.

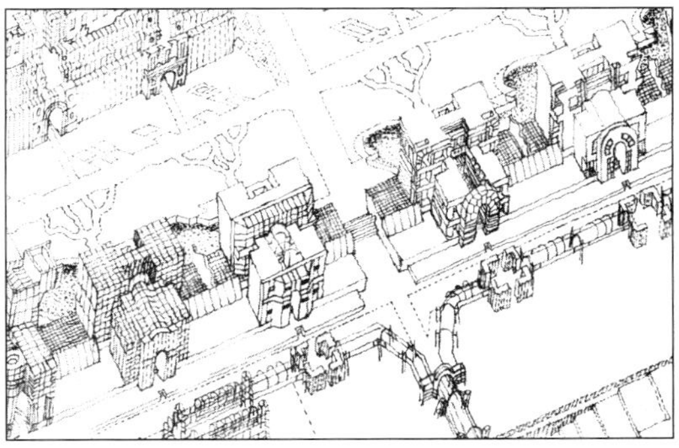

Durch Wandmalerei verdeckte Giebel sind eindeutig. Dagegen: Die rohe, rauhe Ziegeloberfläche liefert viele Bilder. Jeder liest etwas anderes in die Grenzflächen der herumstehenden Gebäude hinein.

Das kleine Beispiel: Variierte Türen. Zwei Verwandlungsschritte auf einem langen Weg, der hier beginnt. Zusammen bilden sie das Portrait einer Katze, vereinzelt sind es nur Türen.

Hallenkonstruktion spiegelt sich bruchstückhaft in Pfütze und läßt sich leicht zu einem vollständigen Konstruktionsgerüst zusammensehen.

Eine Folge von Verwandlungsschritten: der metallische Mantelwurf, der herausfallende Fenster mit hineinnimmt, dann das steinerne Innenhaus, das den Mantel abgeworfen hat und sich schließlich verkrümmt.

Nicht vertraut: der geistige Raum der Komposition.
Linke Bildreihe: Atmosphärisch imaginierbare Orte, das sind unfertige oder unübersichtliche Orte, deren Vollendung bekannt sein kann. Oder Orte, die nur als Skizze angelegt sind, auch weil sie die Kraft der Häßlichkeit nutzen. Die vertraute Ganzheit in der Natur ist das eine, die Kunstganzheit einer Komposition ist das andere, sie ist immer neu. Sie bestimmt die Teile neu und setzt sie in Relationen, die weitab vom (vertrauten) Dingganzen sich vollenden können.
Rechte Bildreihe: Der geistige Raum der Komposition, der Platz schenkt für die imaginierenden Blicke, wenn sich die Orte mit oder gegen die erwarteten Regeln immer weiter verwandeln.

Kapitel 8
Mit den Augen wandern: Imaginierbare Architektur

Der Blick die Mauer entlang im Garten von Glienicke.

Schloßpark Glienicke: Stipadium von Ludwig Persius, 1840

Anfangsabschnitt. Von unten nach oben: Glattputz, Nutenputz (horizontale Schichten andeutend), durchbrochenes Terrakottaband.

Danach: Natursteinquader geschichtet, darüber Klinkerband mit Vorsprung, Nutenputz, Natursteinband als Abdeckung. Die Möglichkeit zur Öffnung, im Terrakottaband angedeutet, wird zum Tor mit Aufsatz.

Das Stipadium. Die horizontalen Schichten verräumlichen sich in halbrunden Grundrissen und thematisieren die verschiedenen Höhen.

Vielschichtige Architektur führt über ihre dingliche Wirklichkeit hinaus in den geistigen Raum der Komposition. „Der Gegenstand ist freilich ein unendlicher", formuliert Schinkel. Eine einfache Mauer mit Stipadium, wieder in Glienicke, hält ein Schlüsselerlebnis bereit. Sie verwandelt sich in feinsten Nuancen, nur für das nun schon so überwache Auge wahrnehmbar. Die Enthüllung der beinahe, aber eben nur beinahe unsichtbaren Verwandlungsschritte, ist ein geistiger Genuß, ein Spiel mit der Imagination.

Die Mauer beginnt an der Straße aufs Einfachste mit einem vorspringenden Sockel aus Glattputz, darüber sind hohe Steinschichten in Nutenputz geritzt. Oben ein Streifenornament aus Terrakotta, in dem quadratische Öffnungen durch runde Formen gefüllt werden. In der oberen Hälfte dieser Öffnungen bleibt als Negativ der Halbbogen, der im nächsten Schritt als Aufsatz überrascht. Der Sockel verwandelt sich dann in geschichtete Natursteinquader mit deutlichem Vorsprung, durch ein Klinkerband noch einmal betont. Darüber immer noch das Mauerwerk in Nutenputz, jetzt aber eine Schicht mehr, abgedeckt durch ein schmales Natursteinband. Die Möglichkeit zur Öffnung, vorher durch das Terrakottaband angedeutet, wird zu einer einzigen Öffnung, die als wirkliches Tor die Mauer durchbricht. Statt aufgesetztem Ornament nun ein wirklicher Aufsatz über dem Tor.

Nächster Mauerabschnitt, das Stipadium. Aus den Horizontalen des Sockels werden Stufen. Die Konche, die als Verwandlungsschritt erst noch folgt, wird zum Sitzplatz ausgeformt, der Wandung der Muschel entspricht das angehobene, halbrunde Dach. Die Konche findet noch einmal eine Entsprechung in den vorgelagerten halbrunden Wasserbecken.

Friedrich Schiller: „Es gibt kein Gefäß, die Werke der Einbildungskraft zu fassen, als eben diese Einbildungskraft."

Die Konche: Der Durchgang verwandelt sich in ein halbrundes Ornament, die Linien im Nutenputz werden zu gemauerten Bändern in der Nische, der offene Halbbogen des Durchgangs wird Muschel, der Sockel bekommt eine Konsole. Die seitlichen Wandungen des Torbogens werden als Reliefs und Streifen thematisiert.

Im nächsten Abschnitt laufen die horizontalen Schichten des Fugennetzes gegen die Neigung des aufsteigenden Weges und brechen sich im Winkel der Mauerkrone, die ebenfalls die Neigung der Böschung wiederholt. Parallel löst sich das Fugennetz des Nutenputzes aus der Wand und verselbständigt sich in Metallprofilen, die als Pergola den Weg überwölben. Weil es der Neigung des Weges folgt, verzerrt sich das Eisengitter rautenförmig. Die Horizonte der Mauerschichten erscheinen hier in vierfacher Überlagerung: als Eisengitter, durch Pflanzen, im projizierten Schattenwurf der Abendsonne, als Nutzenputz.

Das Stipadium, kompliziertester Schritt in der Kette der fünf Verwandlungen, sitzt als Kostbarkeit am falschen Platz innerhalb der Logik, in der die Regeln, die hier wirksam sind, Veränderungen hervorrufen. Es ist also auffällig gegen die Erwartung angeordnet (die Anordnung der Verwandlungen: 1,2,5, 3,4 statt 1,2,3,4,5) und deutet die vielen Verwandlungsschritte an, die noch denkbar wären, als Zwischenschritte (der Sprung vom Eisengitter zum Stipadium ist zu groß) oder als unendlich weiterführende Reihe ...

Der unerwartete Zusammenhalt der Einzelteile macht die geheimnisvolle Stimmung des Ortes aus, der man sich nicht entziehen kann, auch wenn man den Schlüssel zu den Regeln nicht kennt. Die Unauflösbarkeit spiegelt den Gedanken der romantischen Ironie.

Die Scheinöffnung mit Konche und Muschelrelief. Sie wurde als Verwandlungsschritt durch das Stipadium schon vorweggenommen. Die auskragende Konsole verdeutlicht und verselbständigt den Mauervorsprung.

Die Idee des horizontalen Fugennetzes, aus der Wand herausgelöst und als Metallgitter davorgestellt, materialisiert die Fugen, krümmt sie räumlich, verzerrt sie entlang des Böschungswinkels rautenförmig und überdacht als Eisengitter eine Treppe.

Vierfache Überlagerung: horizontale Fugen im Nutenputz, davor Rautengitter, Pflanzengeflecht aus Ranken, Schattenprojektion des Gitters und der Pflanzen.

Das Stipadium: komplizierteste Verwandlung. Der Sockel verselbständigt sich zum Podest, die Treppen zerlegen es in Steinschichten, flache und gerundete Horizonte lösen sich ab. Riegelung der Muschel (der Konche) im Holzdach.

Die Orte entlang der Mauer, aus Varianten gebildet, teilen sich mit. Geführt durch die Regeln, die wir in den verschiedenen Varianten gefunden haben, imaginieren wir die möglichen Varianten, die Orte, die sich nach der Logik der Verwandlung noch finden lassen müßten, schon voraus. Sie müssen nicht unbedingt wirklich da sein, aber sie werden in der Vorstellung existent. Sie definieren den geistigen Raum der Komposition.

„Das Werk der Baukunst muß nicht dastehn als ein abgeschlossener Gegenstand, die echte wahre Imagination die einmal in den Strom der in ihm ausgebrochenen Idee hineingerathen ist muß ewig von diesem Werk aus weiter fortgestalten und ins Unendliche hinausführen. Es muß dasselbe als den Punkt betrachten von welchem aus ganz in der Ordnung ausgegangen werden kann in die unzertrennliche Kette des ganzen Universum“, formuliert Schinkel.

Ein Spielraum für Imaginierbarkeit entsteht, wenn das Bauwerk einer vielfachen Lesbarkeit genügt, wenn es verschiedene Deutungen der in ihm wirkenden Kräfte zuläßt, wenn es die Augen gefangennimmt, wenn es dem Betrachter etwas zu erzählen weiß, das er fortspinnen kann.

Einmal kann das gleiche Haus ganz unterschiedliche Interpretationen durch Veränderung des Standortes schenken, auch wenn es sich als Haus gar nicht verändert. Dann kann es ganz unterschiedliche Bilder für die Vorstellung vorbereitet haben, ohne daß der Betrachter den Standort wechseln muß. Dafür müssen einige der Verwandlungsschritte dieser architektonischen Geschichte vorgegeben sein, damit der Betrachter überhaupt eine Geschichte vermutet, dann kann er sich auf den Weg machen, um das Haus herumgehen, in das Haus hineingehen und weitersuchen. Manchmal findet er die Verwandlungsschritte, die er imaginiert hat, deren Regeln er durchschaut hat, manchmal andere, aber nach den gleichen Regeln, manchmal andere, nach den gleichen und noch weiteren Regeln, die seine Imagination in eine

Eine Wohnsiedlung von Hugo Häring. Das Haus entschlüsselt sich nur, wenn man es von verschiedenen Standorten betrachtet. Auf gerundeten Säulentrommeln lastet ein aus dem Hintergrund hervorspringender Balken.

Hugo Häring, Wohnsiedlung, Goebelstraße, Berlin-Siemensstadt, 1929

Beim näheren Hinsehen: Die Säulenprofile kragen einzeln aus dem Hintergrund aus, sie liegen nie aufeinander, lassen breite Durchblicke dazwischen wie überbreite Fugen.

Auch der lastende Balkon darüber kragt vom rückwärtigen Kubus aus und überbrückt nicht wie ein Balken; er liegt nicht einmal auf, auch nicht stückweise. Es ist eine zerstückelte Last, die schwebt und die wie ein Schirm überdeckt.

Die anscheinend aufrecht stehenden Bauteile, die vorgeben, horizontal lagernde Lasten zu tragen, kragen allesamt schwerelos aus. Ein unerwarteter Widerspruch zwischen augenscheinlicher Wirkung und tatsächlichen Gesten. Jedes Bauteil übernimmt im Zusammenwirken der Architekturordnungen zwei Rollen. Die verräumlichenden Oberflächen des Gebäudes werden mehrdeutig.

Mit den Augen wandern, sich auf die Suche nach Beispielen in der Stadt begeben, Beispiele notieren für Architektur, die sich ändert, wenn man sie von verschiedenen Standorten aus ansieht.

andere Richtung treiben, manchmal findet er Schritte völlig entgegen seiner Erwartung, deren Regeln er erst wieder erkennen muß, und die ihn erneut auf die Suche schicken.

Schinkel sagt dazu: „Hier sollten sich mancherlei Gedanken an der reichen, stets ergiebigen Phantasie ... aneinanderreihen und eine mannigfaltige Gruppe architektonischer Gegenstände in der Vorstellung bilden."

Anders ausgedrückt: Ein reales Gebäude läßt viele verschiedene Bilder in der Vorstellung entstehen, wenn viele Möglichkeiten vorgehalten wurden, in ihm immer wieder neue Zusammenhänge zu entdecken, wenn die Relationen seiner Bauteile komplex oder mehrdeutig überlagert sind. Also: In der Vorstellung die Zusammenhänge neu ordnen, in den Relationen lesen, durch die Formen hindurchsehen wie durch Glas.

Mit Relationen gestalten, nicht mit Formen. Das heißt nicht, daß Formen ausgespart werden sollten. Sie verstecken sich immer in Konstruktionen, ganz von alleine. Man kann sich an Formen festhalten, am Anfang zumindest. Aber nur allzu oft wird in ratlosem Ringen nach Schönheit gutes Geld in angestrengten Formen angelegt. Relationen integrieren die Formen, machen sie beinahe unsichtbar. Sie kosten weniger, können zudem noch anregender sein, wenn sie in der Vorstellung vielfältig neu zusammengesetzt werden. Bilder von atmosphärisch oder komplex entworfenen Gebäuden trägt man in der Erinnerung mit sich und in den neuen Raum hinein. Grenzenlosigkeit und Größe entstehen durch Überlagerung von Erinnertem und Wahrgenommenen, durch den Nachhall in der beweglichen Vorstellung.

Zuerst: Drei ornamental durchlöcherte Türme tragen einen Balken, von dem sich eine gläserne Fassade abhängt. Auf den zweiten Blick: horizontale Schichten, die auch die Ornamente in den Turmbauten einbinden und fast unsichtbar machen. Der Schmuck verblaßt hinter der Deutlichkeit der tektonischen Muster.

Kaufhaus Tietz, Leipziger Straße, Bernhard Sehring, 1899/1900

Eine Fassade, noch unverständlich. Sind es Türme oder ist es eine treppelnde Fassade? Sieht man vorgestellte Portale oder schiebt sich eine überbaute Halle nach vorn? Erst wenn man mehrfach hinsieht und um das Werk herumläuft, findet man die Gebäude, die die Zuordnung im Vordergrund enträtseln.

Hochspannungswerk der AEG, Berlin-Wedding, Peter Behrens, 1909/10

Doppelte Ordnung: die Fassade läßt sich zweifach lesen, als Muster aus lagernden Schichten oder als Muster aus senkrechten Jochen.

Verbandshaus der Deutschen Buchdrucker, Dudenstraße, Berlin-Kreuzberg, Max Taut, 1924–26

Fassade aus Geschoßdecken, drei Schichten stoßen nach vorn, mäandernde Erker, vor und zurück, dazwischen gläserne Zacken, hier und da ein geschoßhoher Glaskasten und dies alles durch Lichtstreifen verkettet. Nachts verschwindet alle Plastizität, die Fassade besteht nur noch aus ebenen Lichtbändern.

Quartier 206, Friedrichstraße, Berlin-Mitte, Pei, Cobb, Freed & Partner, 1996

Dann nach Architekturen suchen, die durch die Vielfalt der Verhältnisse vielfache Interpretierbarkeit vorbereitet haben, schon von einem Standort aus wahrnehmbar. Die Variationsketten entschlüsseln, sich deshalb auf den Weg machen, die Endlosreihen der zunächst nicht sichtbaren Verwandlungsschritte anderswo zu entdecken.

Kapitel 9
Einprägsame Regeln und Strukturformen: Vom Illustrieren und vom Ornament

Die Striche sind immer dieselben, ob sie nun die Darstellung suchen oder den Entwurf. Denn sie nehmen sich Eigenschaften vor, denen sie sich annähern wollen. So kommt es, daß ich beim nachdenklichen Darstellen weiter entwerfe, und beim Entwurf die versucherischen Striche der Darstellung nutze.

Der Grundgedanke: Die Striche und die Strichmuster nehmen die Eigenschaften dessen an, was sie reflektieren oder vorstellen. Diese Identität der Striche mit den Eigenschaften ist keine Identität per Definition, wie bei einer Landkarte, deren Legende Auskunft gibt über die Bedeutung der Zeichen in der Karte.

Es ist eine Identität, die dadurch entsteht, daß der, der zeichnend reflektiert, vermittels der Striche die Eigenschaften kennen und analysieren lernt, für die er dann im Umkehrschluß immer ein wenig leichter und schneller Striche findet, wie in einer ständig anwachsenden Vokabelsammlung, die doch nie zu Ende kommt. Und deswegen dürfen und müssen die Striche sogar am Anfang häßlich sein. Denn noch suchen sie, wissen nicht einmal genau, was sie suchen, was sie finden, was sie reflektieren sollen. Der Zeichnende läßt die Striche an der langen Leine laufen, läßt sie sich ungebremst verwandeln, bis dann irgendwann etwas Neues, etwas neu Gefundenes oder Erfundenes durchblitzt.

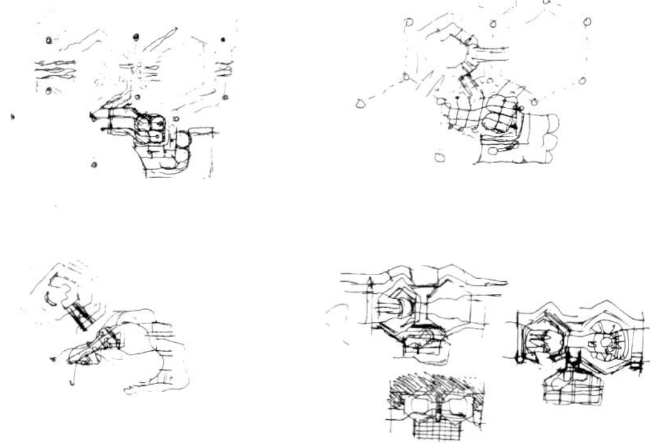

Tastende Striche versuchen sich in agglomerierenden Vielecknetzen.

Uhl, Rathaus Amsterdam, Internationaler Wettbewerb, 1967: Entwurfsskizzen

Eine Verkaufszeichnung unterscheidet: vorne alte Fachwerkhäuser in abstrakten Strichen skizziert, Bäume wie zertretene Äste, Neubau wie aus Kinderhand illustriert.

Uhl, Low budget housing, Wettbewerb Erfurt, 1993

Ganz verschiedene Stricharten, die als abstrakte Muster Identität zu den reflektierten Eigenschaften herstellen.

Wasserturm und Gärtnerhaus, Persius, Schloßpark Glienicke, 12.7.1992

Jetzt wenige Stricharten, wenige Eigenschaften, die sich als parallele Bündel in die Schuhe bohren.

9.11.1995

Diese Methode des ungesicherten Anfangs setzt die Sicherheit einer gründlich aufgearbeiteten Aufgabenstellung und gründlich ausgebreiteter technischer Antworten voraus. Die Ideen aus dem Unbewußten, die eine Reaktion auf diese gründlichen Vorarbeiten sind, sind phantastische und brauchbare Reaktionen zugleich. Ideen ohne diesen gesicherten Hintergrund stehen immer im Weg.

Der Zeichnende spielt auch die unterschiedlichen Abstraktionsgrade aus, mit denen sich die Strichmuster im Medium des Dargestellten brechen können. Es gibt die ganz abstrakten und ganz einfachen Striche, die die Eigenschaften ohne mediale Brechung darstellen, mit großer Aussagekraft, aber schwer lesbar für den, der nicht mitgedacht und mitgesehen hat, denn diese Striche sind nicht vorher schon eingeübt, nicht übernommen von ganz woanders. Und es gibt die Striche, die mehr illustrieren und die zwischen sich die Konturen durchscheinen lassen, die mit den Proportionen des Gegenstandes ganz vorsichtig umgehen und dadurch die Verständlichkeit erleichtern.

Balance der Interessen: die illustrativen Striche fördern die Lesbarkeit, die Verkaufbarkeit durch Anschaulichkeit.

Vier Darstellungszeichnungen zu einem Wettbewerb für ein Intercity-Hotel setzen sich aus vielen Stricharten zusammen. Wie in einem Zoom immer näher herangeholt, veranschaulichen sie die Bildeindrücke auf dem Weg hin zum Hotel. Die Strichmuster reagieren auf die Materialität des Dargestellten: Es gibt Striche für Quaderbauten, für Putzbauten, für Metallfassaden, für Metallprofile, für Bäume, parkende Autos, Passanten (Personen).

Die Proportionen sind die vertrauten, die eingängigen Striche sollen verdeutlichen, der Abstraktionsgrad hält Balance. Es ist ein besonderer Vorteil, wenn der, der den Entwurf macht, auch die Darstellung zeichnet. Es entsteht die Möglichkeit, wie in einem Kontrollgang den Entwurf zu rekapitulieren und so noch einmal zu verbessern. Die Korrekturen fließen dann in die technische Zeichnung zurück – ein Optimierungsschritt, den man Entwürfen nicht vorenthalten sollte.

Auf dem Weg zum Intercity-Hotel.

Uhl, Wettbewerb Intercity Hotel am Bahnhof Zoo, Kantstraße Ecke Fasanenstraße, Berlin, 1988

Die Proportionen sind die vertrauten, die eingängigen Striche sollen verdeutlichen, der Abstraktionsgrad hält Balance: Stahl streifig, Rustika-Mauerwerk gehackt, gestoßen, Autos schlaufig ...

Das neue Hotel hinter dem Theater des Westens

... Bäume verzweigend, aufsteigend, hängend, Personen tanzend, Putz gepunktet, Glasspiegelungen durch Auslassungen.

Am neuen Platz

... Klinkerverkleidung streifig, Kleidung zottelig.

In der Passage am Amerika-Haus

Aufgabe: In der Architekturdarstellung für die Eigenschaften der Orte, der Bauteile, der Pflanzen, der Autos, angemessene Striche entwickeln, die als abstrakte Muster Identität zu den reflektierten Eigenschaften herstellen.

Der Grundgedanke übertragen auf die architektonischen Details: So wie die Striche Identität mit den Eigenschaften suchen, sollen auch die konstruktiven Strukturformen im Zusammenhang mit ihrer materialen Realität entstehen.

Oder anders formuliert: Die konstruktiven Details finden ihre Konstruktionsformen nur durch die Materialität, in der die konstruktiven Verhältnisse Wirklichkeit werden. Stahlverbindungen sind anders als Holzverbindungen (eine Binsenweisheit). Verbindungen ohne Materialität sind nicht wirklich vorstellbar. Nur das Papier hält sie manchmal aus, diese Flucht in den reinen Gedanken, den reinen Strich (Seele ohne Körper, Sprache ohne Worte), in das immaterielle Denken, das zu unkonstruktiven und unsinnlichen Formen führt...

Für die Tischfüße hieß das: die ursprünglich metallischen Konstruktionsformen ohne konstruktive Veränderung oder Korrektur – eiskalt – im falschen Medium Holz ausführen.

Dann wird das, was gerade noch Geste war, und das deswegen zurückverfolgt werden konnte auf seine konstruktive Logik und ablesbare Entwicklungsschritte vorhielt, zu einer bloßen reinen Form, die gar nicht weiß, in welchem Material sie niedergekommen ist.

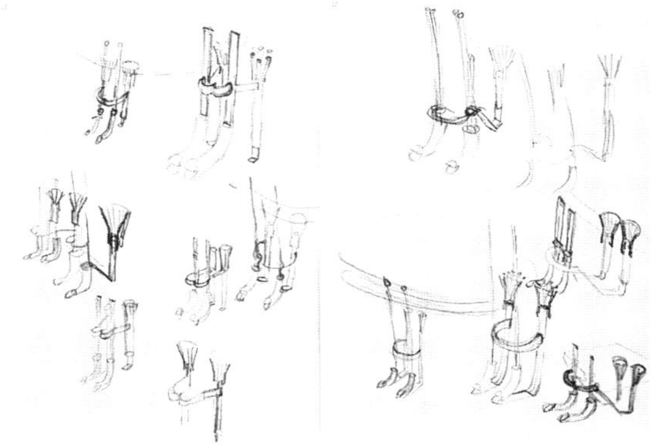

Notizen von Gesten knieender Beine.

Uhl, Tischgestellobjekte, 1985: Entwurfsskizzen

Notizen von Gesten aufrechtstehender Füße, schon einen Schritt weiter. Die Striche wollen sich im Medium dünner Stahlprofile brechen (sie sollen einmal eine Tischplatte tragen).

Uhl, Tischgestellobjekte, 1985: Entwurfsskizzen

Die Stahlprofile, die aus den Gesten abknickender Füße gelernt haben, in Varianten. Konstruktive Identität zwischen gewählten Profilen, der metallischen Materialität, den gelegten Schnitten und den Verbindungen.

Uhl, Tischgestellobjekte in Stahl, 1985

Stahlfüße aus Holz.

Uhl, Tischgestellobjekte in Holz, 1985

Aufgabe: Wünsche an den Entwurf überdeutlich machen, in verschiedenen medialen Zuständen und Konstruktionsweisen durchspielen, um Annäherung an die Funktionen zu erproben. Den Zusammenklang zwischen Materialität und der konstruktiven Strukturform thematisieren.

Neu, immer wieder anders, interessant, eigenartig und deshalb unverwechselbar und manchmal auffällig können nur die in Gesten sichtbar gemachten Relationen sein.

Ornamente, Formen sind nie neu, ihr Repertoire ist beschränkt, die Desillusionierung vorprogrammiert, wenn man sich erfinderisch wähnt, und seiner Idee auf einer Chinareise wiederbegegnet. Also: sich auf die Gesten stürzen. Es macht Spaß, aus der Vielzahl überlagernder Relationen eine Geste und ihre Regeln zu vereinzeln und sie im Beziehungsgeflecht dominant werden zu lassen oder auch in ein neues Beziehungsgeflecht einzubinden.

Dann wird eine Aktzeichnung, deren Striche die Gesten von Standbein und Spielbein reflektieren, zum Vorbild für einen Entwurf in einer Baulücke. Nun ein nächster Schritt: Wenn im Hintergrund der Gedanke von der Identität der konstruktiven Strukturformen mit den materialen Bedingungen lebendig ist, kann im Vordergrund das Verwirrspiel mit den Identitäten beginnen.

Für den Betonrahmen einer Terrasse (unten) über einer Dieselzapfsäule heißt das: verdrehte Welt, sorgfältig in Szene gesetzt. Aus Holzpergolen – in Spanien der Vokabelsammlung einverleibt – wird ein Betonrahmen in einem Entwurf für Blumberg bei Berlin.

Und dann noch: Die widerspenstige Betonkonstruktion, die doch nur gerade Linien zuläßt, wird gekrümmt.

Diese Formen wissen, das sie im falschen Material konkret geworden sind. Sie fallen deshalb auf, werden unverwechselbar.

Eine Aktzeichnung reflektiert: Standbein gestaucht und zurückgenommen, Spielbein herausgestellt, entlastet und verlängert.

12.12.1991

Die Fassade wiederholt das Spiel von Standbein und Spielbein: Die gerundeten Loggien sind vor die Fassade gestellt, mit verrutschten Profilen ...

Uhl, Wohn- und Geschäftshaus Haubachstraße, Berlin-Charlottenburg, 1981–85: Ansichtszeichnung

... das Spielbein ist verflacht in die Fassade zurückgenommen.

Uhl, Wohn- und Geschäftshaus Haubachstraße, Berlin-Charlottenburg, 1981–85

Sevillianische Holzpergolen, auf Weltausstellungsarchitekturen zu Hause, waren das Vorbild für den verbogenen Betonrahmen einer Terrasse über einer Dieselzapfsäule. Die Geste fällt auf, die Form schwindet.

Uhl, Hochregallager, Blumberg, 1993: Terrasse der Hausmeisterwohnung

Paul Klee: „Die Linie! Meine Linien von 1906/7 waren mein Ureigentum. Aber ich mußte sie doch unterbrechen, es drohte ihnen irgendein Krampf, schließlich gar das Ornament ... Das faire sortire wollte eben nicht gehen."

Zurück zu den Strichen: Es gibt Zeichnungen, die mit den nur illustrierenden Strichen auskommen oder auskommen müssen. Diese Striche, die schon eingeübt sind, als Standards von irgendwoher, haben nicht experimentell herausgearbeitet, wie sie sich dem Sujet anpassen könnten. Vielleicht, weil die Zeichnung im Team zustande kommt. Einheitliche Striche, standardisiert für den Büroalltag. Oder: weil ein einfacher Gedanke unangestrengt – fast karikierend – ins Bild gesetzt werden muß. Jeder nimmt sein Haus mit heim.

Oder: Der Kinderstrich stellt Kinderspiele dar. Doch dann hat er schon wieder sein Sujet erkannt.

Die klassische Schönheit einer Zeichnung mit Konturen, Schatten und verwischten Grauwerten.

Peter Seitz, BMW-Haus, Kurfürstendamm, Berlin

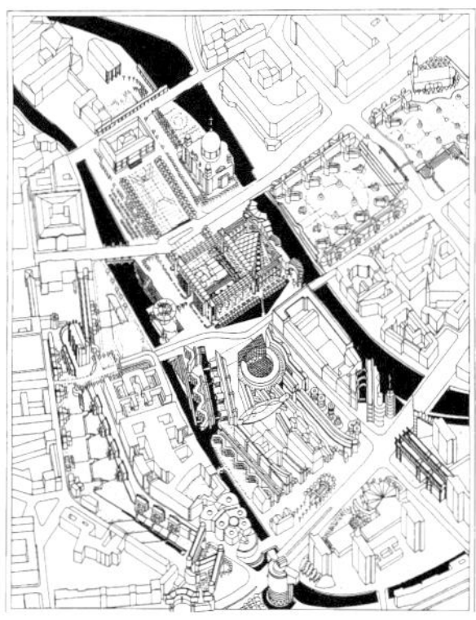

Standardisierte Striche, verabredet im Team.

Uhl, Wettbewerb Spreeinsel, Berlin-Mitte, 1994

Verkaufszeichnung eines Ausstellungspavillons. Der Kunde im Vordergrund trägt das Modell des ausgewählten Einfamilien-Hauses zum Auto.

Uhl, Urbanisación Conde Quinto, Dos Hermanas, Sevilla, 1976

Die Striche haben sich an die Kreidefiguren der Kinderspiele auf Pflastersteinen angepaßt.

20.8.1992

Aufgabe: Die beschreibenden Striche zeichnen, die die differenzierten Eigenschaften ignorieren, schon eingeübt sind, verfügbar, bevor man beginnt, und so den Entwurf (oder Teile des Entwurfes) in Schönschrift, als gefällige Illustration aufzeichnen.

Die Möglichkeiten auf das Bauen übertragen.

Erstens: Der gebaute Strich, der nicht weiß, in welchem Material er konkret geworden ist: Er kann als ordnender Gedanke innerhalb einer Komposition Gier nach konstruktiver Richtigkeit vorbereiten. Oder er kann materiallose Unauffälligkeit bewirken.

Zweitens: Das schöne Ornament; hilfreich beispielsweise für den geübten Umgang mit den unkonstruktiven Möglichkeiten des Vollwärmeschutzes. Aufgebrachte Schichten, die, in Reliefebenen zerlegt, das konstruktive Gefüge darunter überspielen, schenken ein schönes Ornament.

Drittens: Die Übereinstimmung zwischen Materialwahl und Konstruktionsform. Ein Beispiel antwortet auf kleinem Raum, mit geringem materialen Aufwand. Starre stereometrische Ordnung für metallische Fensterprofile (horizontales Glaskristall); die verschiebbaren Holzflächen ergeben immer neue „abstrakte" Bilder; (Mondrian mobil), Küchenschrank hängt von Garderobenstange ab; die Distanz zur Wand legt die Garderobenstange durch eine tastende Bewegung endgültig fest.

Jedes Bauteil dient. Und die Funktionen schenken, wie im Nebensatz, logische konstruktive Strukturformen in angemessener Materialität. Die Angemessenheit ist dann wieder Ursache für Unsichtbarkeit. Wenn Regeln (logisch) geklärt haben, wenn Klarheit sich einstellt, schwinden die Formen, fallen sie nicht mehr auf.

Viertens: Und dann gibt es sie doch, die Sehnsucht nach der einprägsamen Melodie, die als Handschrift den Urheber kenntlich macht. Und die in ihrer leichten Eingänglichkeit den, der sie wiedererkennt, mitsummen läßt, glücklich über Erinnerungen, nicht gefordert durch mitdenkende Kennerschaft. Leichtes Glück, das wir alle zwischendurch brauchen.

Der gebaute Strich.

Uhl, Villa in Kronberg im Taunus, 1981–85: Doppeltür zur großen Halle

Das schöne Ornament.

Detail Nord-Ost-Fassade

Übereinstimmung von Materialwahl und Konstruktionsform.

Küche und verschiebbare Trennwand zum Eßplatz

Von der Sehnsucht nach der einprägsamen Melodie.

Fenster im Untergeschoß (Gastraum)

Aufgabe: Materiallose Unauffälligkeit suchen, wenn der gebaute Strich die Materialität ignoriert, in der er konkret geworden ist. Oder materiallose Auffälligkeit suchen, wenn Bauteile zu Ornamenten verkommen.

Kapitel 10
Die Gleichzeitigkeit der Widersprüche und die Ordnung durch Architektur

84

Die Stadt, das Städtische: das ist eine breit angelegte Unvollständigkeit, wie chaotisch zusammengewürfelt; Gegensätze, die unvermittelt nebeneinander stehen, die alle auf einmal auf die Wahrnehmung, das Empfinden einstürmen. Diese Gleichzeitigkeit der überlagerten Eindrücke kann überfordern.

Eine Reaktion: Auf Distanz gehen, nicht mehr wahrnehmen, abschalten. Ignoranz im schlechtesten Fall.

Eine andere Reaktion: Hinsehen, hinhören und allmählich ordnen, einzelne Inseln isolieren, die Zusammenhänge nach und nach durchschauen und zusammendenken.

Ein Entwurf hat dann auch die Aufgabe, Unvereinbares zu versöhnen. Durch Blicke, durch Fenster, durch Wege in Passagen, durch Bautypen, die verwickeln und zusammenhalten, wenn sie ganz unterschiedliche Nutzungen in nächster Nachbarschaft ordnen, um so durch Kurzschlüsse die Chance für Synergismen vorzubereiten und gleichzeitig Störungsfreiheit zu sichern. Urbane Bautypen, die die Beweglichkeit der Dialogformen und realer Bausysteme nutzen, können dies leisten.

Am Anfang: Alles auf einmal, ganz unübersichtlich. Beim genaueren Hinsehen: skizzenhaft erfrischende Andeutungen, unversöhnbare Nachbarschaften im Bildraffer auf einen einzigen Blick: Parkanlage, Schloß, Gleisanlage, Blockrandbebauung, Krankenhaus, ... Zu dicht, häßlich. Ist das städtisch?

Das Moabiter Werder in Berlin

Die Nähe von fremden Eindrücken kann überfordern. Die Reaktion: auf Distanz gehen. Vorhang zu!

Fenster in 6m Abstand zum Brandgiebel gegenüber

Ein halber Meter vor der Fassade: Der Blick aus dem Fenster versammelt die Eindrücke der benachbarten Häuser, alle auf einmal. Darin liegt Härte, anders als im Panoramablick.

Uhl, Wohnhaus Haubachstraße, Berlin-Charlottenburg, 1981–85: Erker

Die geschwungene Einfassung der Loggia als Versuch, im Rundumblick die chaotischen Nachbarschaften nah und fern erträglich zu machen. Wie ein Zierrahmen rahmt sie sie versöhnlich ein und schafft eine Synthese von „objektiven Körpern und subjektivem Raum“ (Paul Klee).

Uhl, Wohnhaus Lynar/Willdenowstraße, Berlin-Wedding, 1982–83: Loggia (Blick auf Schering)

Aufgabe: Einander fremde Nachbarschaften in heterogener städtebaulicher Situation durch sorgfältig geplante Ausblicke, durch Fensterrahmen von innen her ordnen und versöhnen.

Bauten oder Bautypen können Gleichzeitigkeit sichtbar machen, indem sie einander sonst fremde und störende Funktionen in nächster Nachbarschaft – mit Hilfe geeigneter Architekturtypologien – auf engstem Raum arrangieren.

Oder Gleichzeitigkeit, die dadurch entsteht, daß mehrere Gebäude aus der Nachbarschaft, auch dem Abriß ausgelieferte, sich in einem neuen Bautyp spiegeln wie in einer Collage.

Ein Beispiel für ein Labor- und Fertigungsgebäude mitten im Wohnblock, eine plötzliche Nachbarschaft ohne Übergang: Walmdächer und Spitzgiebel, daneben Skelettbau.

Uhl, Labor- und Fertigungsgebäude der Robert Bosch GMBH, Berlin-Charlottenburg, 1993, und die Wohngebäude dahinter

... Das Gebäude selbst arrangiert auf engstem Raum unterschiedliche Nutzungen: Büros, Lagerhallen und Maisonettewohnungen, Spielplatz für Heranwachsende auf dem Dach, Parkhaus im Untergeschoß (im Blockrand).

Uhl, Labor- und Fertigungsgebäude der Robert Bosch GMBH, Berlin-Charlottenburg, 1993

Ein Beispiel aus Neukölln: Vor dem Abriß des alten Gebäudes (Saalbau) wurden Eigenschaften gesammelt, Zitate notiert: Walmdächer der Gründerzeit, Loggien und Erker, Bandarchitektur der 20er Jahre.

Vor dem Abriß: Saalbau zwischen Wohnbauten in Berlin-Neukölln

Das neue Haus übernimmt und akzentuiert den Knick der Straße, zitiert die Bänder des abgerissenen Hauses, überlagert sie mit flüchtigen Bauformen (wie Umbauten nach Kriegszerstörung) oder geglätteten bürgerlichen Verhältnissen mit dekorativen Fensterausschnitten, ergänzt um türkische Fensterformen und -farben.

Uhl, zwei Fassaden für ein Hotel mit Elektromarkt, Berlin Neukölln, 1988

Aufgabe: Die Nachbarschaft von einander fremden Nutzungen innerhalb eines Gebäudes durch neue Architekturtypologien ermöglichen, oder unerwartete Nutzungen in fremder Umgebung aufstellen und im unerwarteten Dialog eine neue urbane Situation sehen.

Im Bildraum der Zeichnung schenkt der Raum zwischen den Strichen Transparenz. Die Zeichnung überlagert Vordergrund und Hintergrund, sie hebt die realen Wände auf, so daß man durch die Striche der Wände hindurchsehen kann wie durch Glas, obwohl doch alle Konturen der Bauteile gezeichnet sind.
Dabei hilft die Differenziertheit der Striche, die doppelte Organisation der Striche: als Striche, als Strichinseln und Strichornamente und dann als Elemente in einem konfigurativen Zusammenhalt. Die Zeichenschönheit der Zusammenhänge schält den Zusammenhalt der Kompositionsformen heraus. Also zeichnend variieren zwischen dem Blick auf den größeren Zusammenhalt, die Konfiguration also, und dem Blick auf die einzelnen Orte, an denen sich die Strichmuster in Schönheit üben.

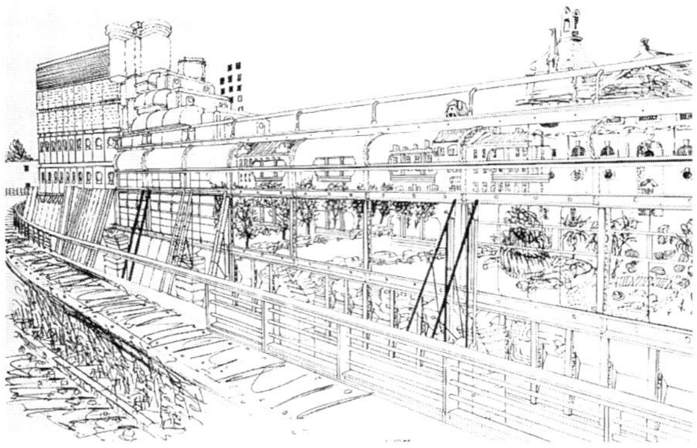

Blick vom Gleis auf den Platz. Im Vordergrund der Neubau eines Hotels am Bahnhof Zoo, durchsichtig gezeichnet, um im Hintergrund den neuen Platz vor dem Theater des Westens zu zeigen.

Uhl, Illustration zum Entwurf Intercity Hotel am Bahnhof Zoo, Berlin, Wettbewerb, 1988

Ganz abstrakte und deshalb ganz einfache Striche. Das einzige, was auffällt, ist der Zusammenhalt durch Diagonalen. Es gibt viele Chancen zum Zusammenlesen.

Glienicke, 26.6.1994

Eine Sitzende. Gleichzeitigkeit von ornamentalen Strichinseln, Mustern und dem vertrauten konfigurativen Zusammenhalt.

23.3.1996

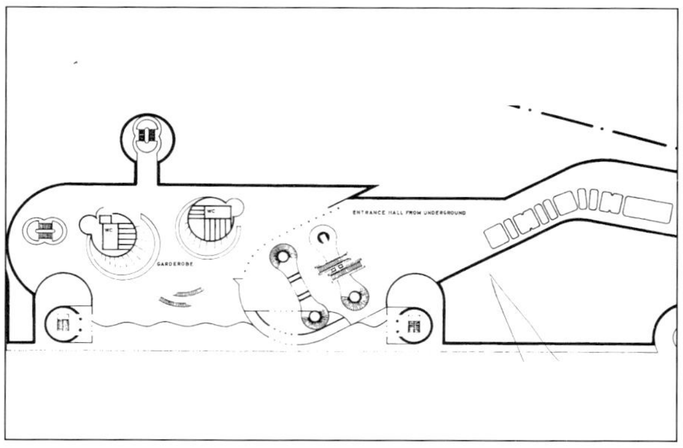

Für die Zeichnung eines Grundrisses heißt das: Die zusammenfassenden Ordnungen, d.h. der konfigurative Zusammenhalt, und die vorgesehenen Orte als eigentümliche Schönheiten sind auseinanderzuhalten. Die Orte können immer wieder neu zusammengesehen werden. Das relativiert den vorgegebenen Zusammenhalt.

Wettbewerbsentwurf Rathaus Amsterdam, 1967: Passage von der U-Bahn zum Rathaus

Aufgabe: Gleichzeitigkeit im Bildraum der Zeichnung erkennen, im Entwurf als transparente Konstruktionen entwerfen oder in verschachtelten Typologien suchen. Gleichzeitigkeit der eigentümlichen Schönheit der Orte und des konfigurativen Zusammenhaltes der Orte (Zeichenschönheit) in Entwürfen suchen.

Diese Differenziertheit des Sehens wird Methode auch des Entwerfens, um über den Weg des vielfachen Lesens der Striche den Zusammenhalt der vielfältigen Entscheidungen, die – gleichzeitig – gefällt werden wollen, zu entwickeln.

Das Zeichnen hat den Blick geschärft für immer neue Zusammenhänge und hat durch die Vielfalt der Strichmuster das Repertoire um viele Möglichkeiten ordnender Strukturen angereichert. Davon profitieren wir jetzt und kehren die Methode um.

Wir formulieren die vielen Wünsche an einen Ort, wir formulieren die gewünschten Eigenschaften. Am Anfang haben dann erst einmal alle Gedanken Platz. Darstellungstypen machen die Gleichzeitigkeit der vielen Wünsche organisierbar. Sie bereiten die Eigenschaften, in Textebenen zerlegt, vor. Die Textebenen überlagern gleichzeitig besondere, ausgewählte Entwurfsentscheidungen und reflektieren und akzentuieren bestimmte Standorte und Blickrichtungen.

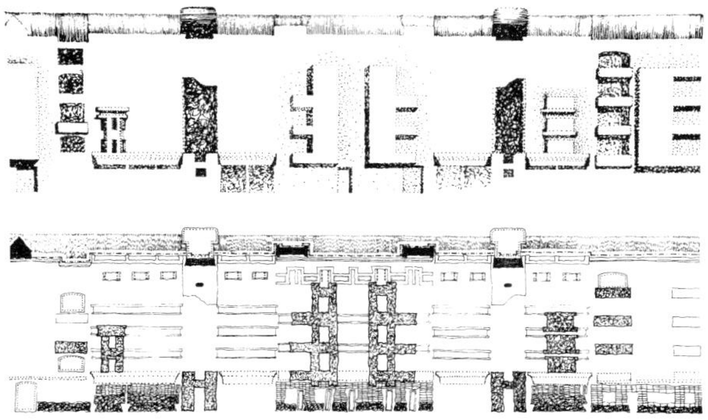

Zwei Häuser in einer Lücke sollen ein altes Haus in ihre Mitte nehmen . Der Dialog zwischen Alt und Neu soll hergestellt werden, aber die Neubauten müssen ohne Loggien und ohne Balkone auskommen (Nordseite eines Blockrandes).

Uhl, Wohnanlage an der Siemensstraße in Berlin-Moabit: Zeichnungen zur Vereinzelung von Eigenschaften für den Dialog Alt-Neu

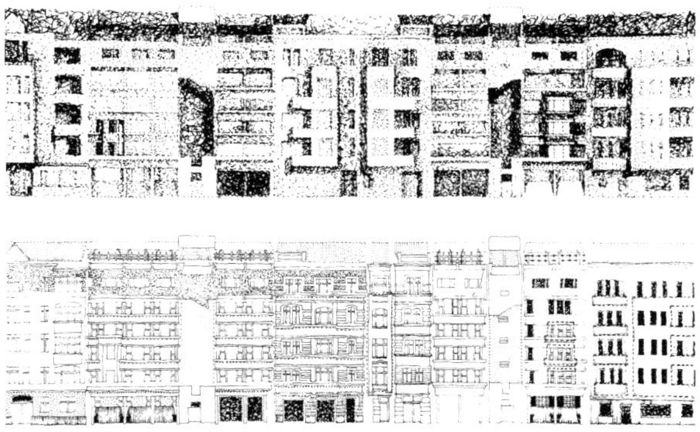

...Zeichnung, die die Überlagerungen atmosphärisch überprüft. Der methodische Anfang. Oben: Zeichnung, die Fassadenrelief und Bauformen überlagert. Unten: in Joche und horizontale Schichten zerlegt, Formmuster der Fassadenebenen im Nutzungs- und Konstruktionszusammenhang.

Uhl, Wohnanlage an der Siemensstraße in Berlin-Moabit: Zeichnung

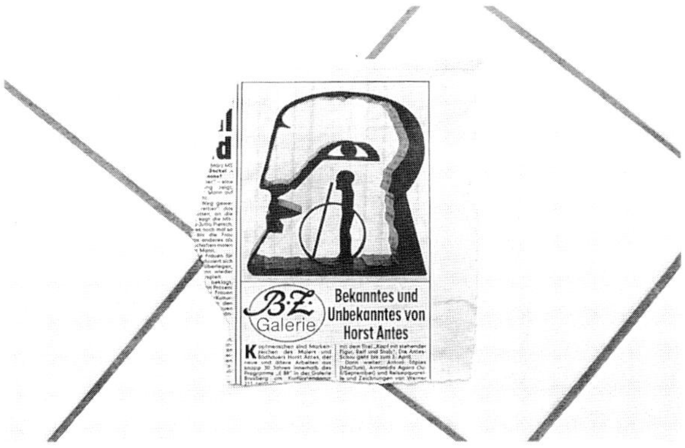

Der atmosphärische Anfang: Eine Zeichnung von Antes, in der Zeitung entdeckt, weckt persönliche Wünsche an ein einfaches Haus in Kieskratzputz...

Horst Antes, BZ vom 8.3.1984

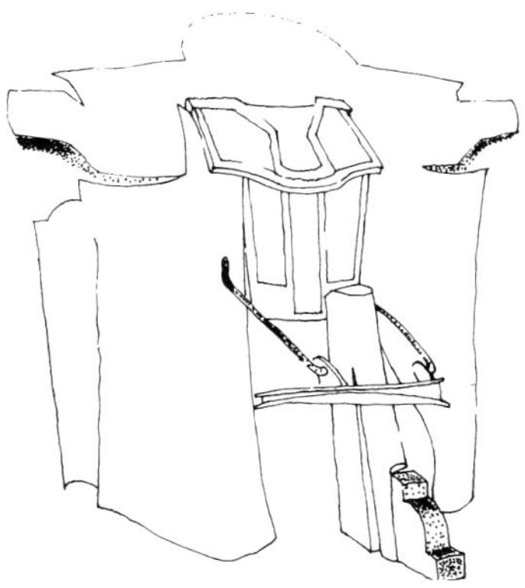

... es soll aussehen wie ein Kopffüßler, der sein Bein herausstellt. Breit und ansehnlich von vorne, von der Seite ganz schmal wie die schemenhafte Strichfigur, die Antes, fast unsichtbar, in das Gesicht hineingestellt hat...

Karikatur Kleines Wohnhaus, Berlin-Lichterfelde

Aufgabe: Durch die Oberfächen der Formen hindurchsehen wie durch Glas und die ordnenden Kräfte isolieren, in ihnen Regeln erkennen und als abstrakte Figuren nachzeichnen. Gleichzeitigkeit als die Überlagerung von verschiedensten Kompositionsregeln in der Architektur begreifen und mit Hilfe der analysierten Regeln die unterschiedlichen Strukturebenen in Relation zueinander setzen, dabei die Textebenen auseinanderhalten.

Noch einmal die Aufgabe, Alt und Neu in ein verbindliches Miteinander zu führen. Auf der Baustelle wurde ein 54 m langes Fries von Gilly (1798) mit den verschiedenen Stationen der Münzherstellung gefunden. Das hier neu entstehende Gebäude mit 370 Wohnungen und Altenwohnungen am Parkrand in Berlin-Charlottenburg soll es ausstellen.

Die Idee, in der neuen Fassade, die die alte Fassadenordnung integriert, eine Achse der alten Münze wortwörtlich nachzubauen, mußte aufgegeben werden.

Ein zeitgenössischer Stich zeigt den Münzfries in seiner historischen Umgebung.

Die alte Münze von Gentz mit Münzfries von Gilly, 1800

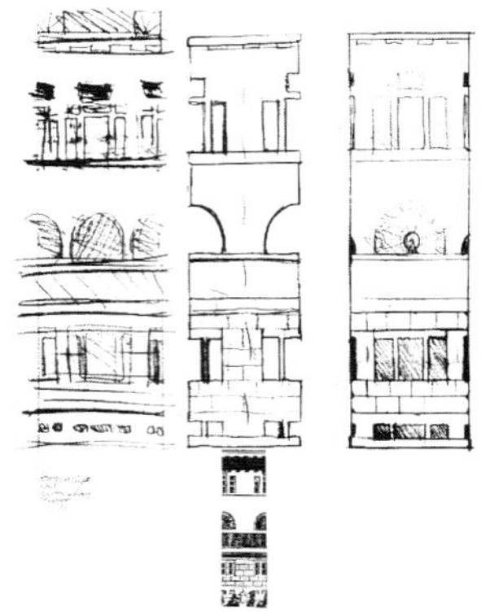

Skizzen zerlegen die historische Fassade in Stücke, Achsen, Joche und Doppeljoche.

Uhl, Wohnungen und Altenwohnungen am Schloß Charlottenburg, Berlin-Charlottenburg, 1973–75: Fassade mit Münzfries, zerlegt in Achse und Joche

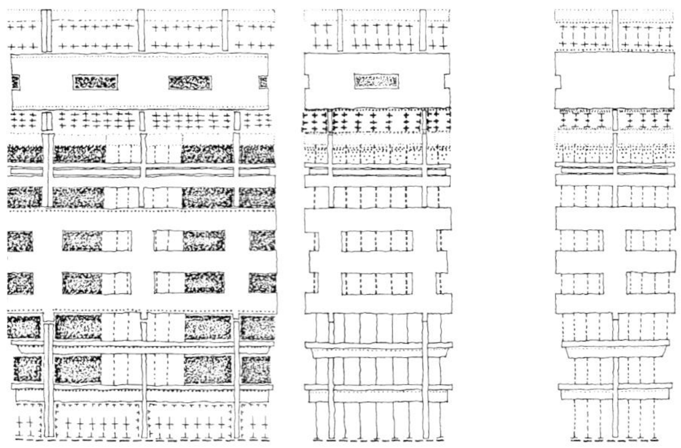

Der ursprüngliche Regelfall der Fassade, im Ausschnitt, der die Bedingungen aus Schnitt, Grundriß und Himmelsrichtung erfüllt.

... Normalfall der Westfassade, zerlegt in Joche und Achsen

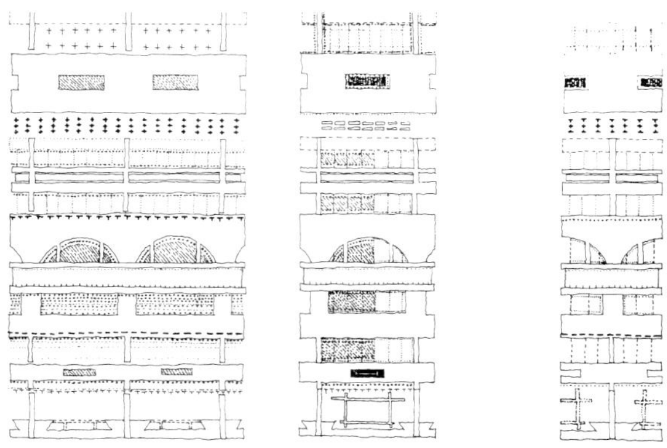

Das ausgewählte Beispiel überlagert Gegenwart und Geschichte.

... Achse und Joch der endgültigen Westfassade, die alt und neu gleichzeitig faßt

Transformation ist eine Methode, am Anfang und in kleinen Schritten denkmalpflegerische Aufgaben zu organisieren, in logischen Schritten, die auf Geschmäcklerisches verzichten können.

Stationen aus der Entwurfsarbeit am Wohnkomplex, der den Vorgarten des Charlottenburger Schlosses flankiert. Er ist im Grundriß zweimal versetzt. In der Nähe des Schlosses durften keine geschlossene Wand und keine eindeutig bestimmbare Höhe entstehen. Deshalb wurde die Fassade in vier Schichten aufgelöst. Ganz oben die zurückliegenden Köpfe, die sich immer weiter vereinfachen.

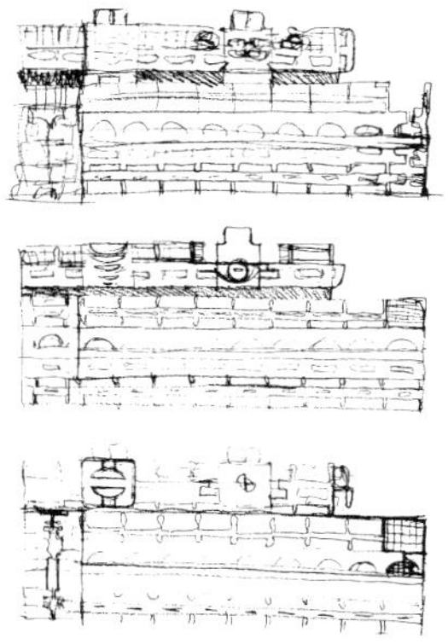

Verwandlungsschritte als Entwurfsmethode, die Überlagerung in Varianten zu erproben.

... Versucherische Varianten

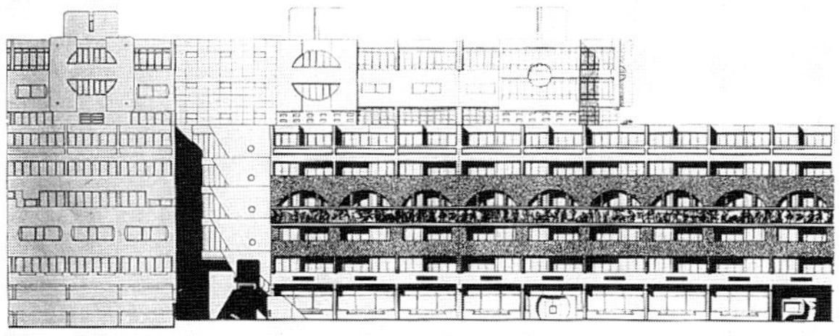

Das Ergebnis: Das Gebäude steht ganz ruhig da und erzählt nichts von seiner stürmischen Vergangenheit und den unendlich vielen Verwandlungsschritten.

... Planung im Ausschnitt

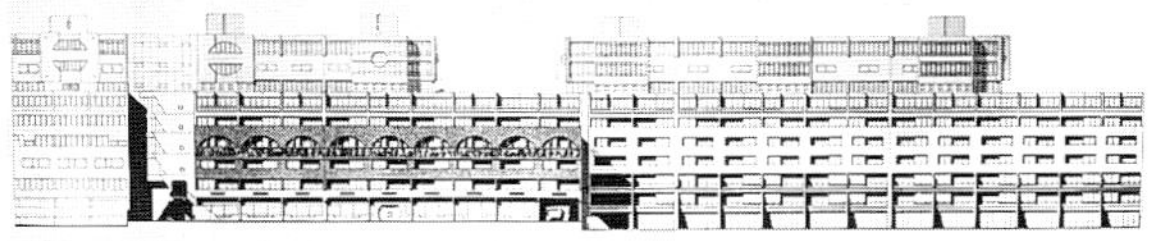

Drei Verwandlungsschritte der Gebäude in der Ansicht.

... Planung insgesamt

Die transitorischen Verwandlungsschritte haben sich in den Gebäudeabschnitten gleichzeitig erhalten.

Die Überlagerungen Alt-Neu am Parkrand.

Aufgabe: Am Anfang eines Entwurfs mit Hilfe von Varianten, mit immer neuen Dominanzen der einzelnen bedeutungsvollen Faktoren die zukünftigen Festlegungen für architektonische Realitäten suchen. Dieselben erproben und im fertigen Gebäude erhalten.

Der Versuch, Zeichnungstypen zu entwickeln, die zukünftige und noch nicht bekannte Überlagerungen von Eigenschaften und Nutzungen und Typologien organisieren können. Es sind Zeichnungen, die sowohl synergetisch verknüpfen als auch Synergien offen lassen. Sie resultieren als Aufgabe aus der aktuellen Notwendigkeit, brachliegende großteilige Industrielandschaften in ein neues Industriestadtkonzept mit kleinteiligen generativen Wachstumsstrukturen zu überführen, die agglomerierende Bautypen vorbereiten. Dann bedeutet Gleichzeitigkeit die Nachbarschaft von ganz unterschiedlichen Nutzungen mit unterschiedlicher Größe in voneinander unabhängigen Realisierungsphasen und mit divergierenden Finanzierungsmodellen.

Ein generierendes Ordnungsmuster mit weniger und immer mehr Festlegungen organisiert diese Anforderungen und Bedingungen einer unübersehbaren und doch geordneten Gleichzeitigkeit. Das Vorbild ist die europäische Stadt mit ihren autonomen Stadtbausteinen, die immer schon Funktionsmischung in der kleinsten Einheit suchte.

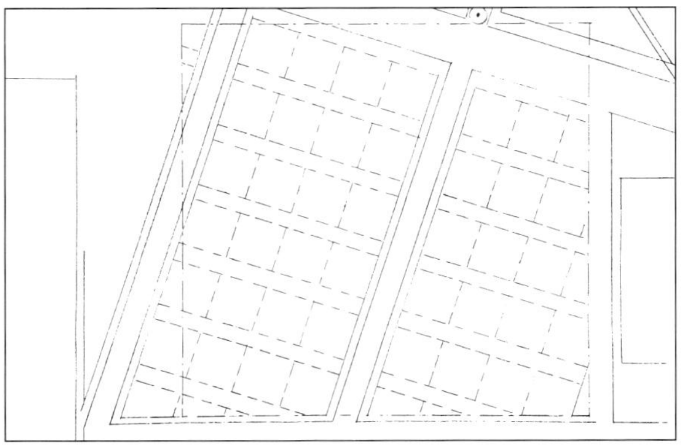

Mögliche Erschließungsstreifen und Nutzungsfelder. Durch Straßen erschlossene Baufelder, eingeteilt durch konstruktive Achsen: Konstruktionsraster mit wirtschaftlichen Konstruktionsmaßen. (Legende: quadratische Felder = Nutzflächen, schmale Felder = Funktionsflächen und Verkehrsflächen).

Uhl, Entwicklungsplanung in Berlin-Spandau, 1995, mit vorgegebenen Bebauungsfeldern und vorgefundenem Staßenraster

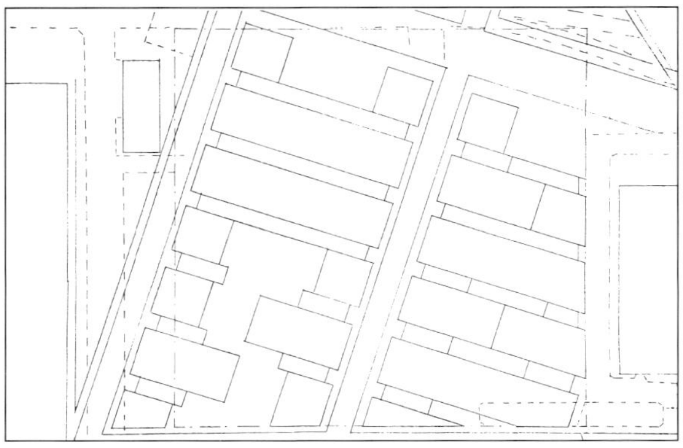

Mögliche Bebauungsmodule innerhalb des vorgegebenen Rasters. Sie lassen Innenerschließung zu.

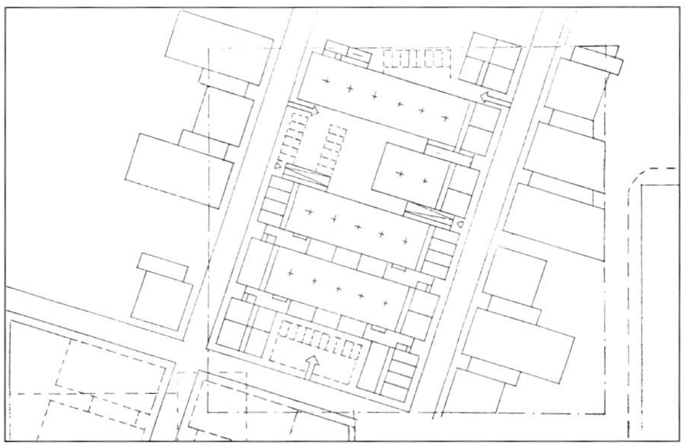

Schemagrundrisse der Module. Sie weisen die Büroflächen (zumeist an den Köpfen), Produktionsflächen, Funktions- und Erschließungsflächen sowie generelle Parkierungstypen aus und sehen sogar Wohnungen vor.

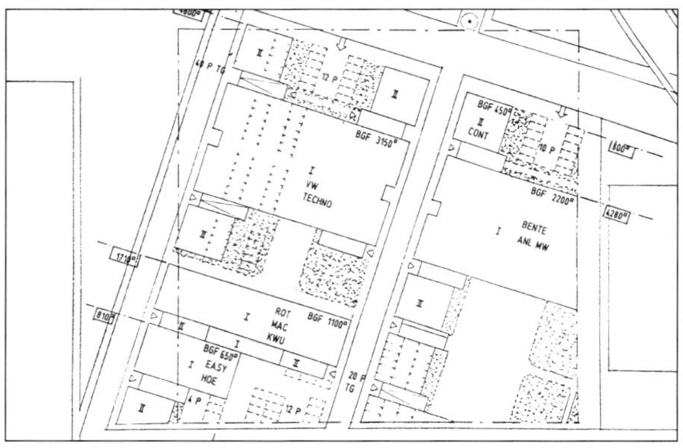

Belegungsbeispiele entsprechend vorgegebener Firmenwünsche (Vorhalteflächen begrünt).

Ein generierendes Ordnungsmuster organisiert flexible Strukturen für heterogene Nutzungen, Teilbarkeit, kleine Bauabschnitte, kostengünstige Konstruktionen. In kleinmaßstäblichen autonomen Einheiten ermöglicht sie die Nachbarschaft von Produktion, Gewerbe, Wohnen und Kultur.

Noch einmal verschiedene Antworten zum Thema Gleichzeitigkeit gesammelt …

Vermischung von Architekturraum und Bildraum der Zeichnung; Maßstabsfelder lassen Dekomposition zu: ein großes Haus (das ganze Gebäude), ein kleines Haus (das Portal), ein gemaltes Portal mit illusionärem Durchblick (gebauter Bildraum). Der wirkliche Durchblick gäbe den Blick aufs Wasser frei.

Das Kasino im Schloßpark Glienicke

Bildausschnitte konkretisieren und mildern die Gleichzeitigkeit unerwarteter Nachbarschaften. Ornamental gerahmte Blicke versöhnen in heterogenen städtebaulichen Situationen: Tankstelle, Abrißhaus, Gewerbe.

Uhl, Wohnhaus, Lynar-/Willdenowstraße, Berlin-Wedding, 1982–83: Blick aus dem Küchenfesster

Das ungelöste Chaos der unvermittelt nebeneinanderstehenden Bautypen: ein Phänomen des Städtischen.

Uhl, Wohnhaus, Lynar-/Willdenowstraße, Berlin-Wedding, 1982–83: Wohnen am Bahndamm im Süden, im Industriegebiet mit reichlich Emission

Komposition fügt die einander fremden Nutzungen in einem Entwurf zusammen. Hier Multifunktion als Gewerbe im Mischgebiet. Auf einen Blick: Lüftung Tiefgarage, Pförtnerloge (die später zum Werkstattleiterraum wird), Vordach für die Be- und Entladung, Laborräume (darüber).

Uhl, Labor- und Fertigungsgebäude der Robert Bosch GMBH, Berlin-Charlottenburg, 1993

Kapitel 11
Die Botschaft der Engel, oder: Über die Zeichenhaftigkeit der Skizze

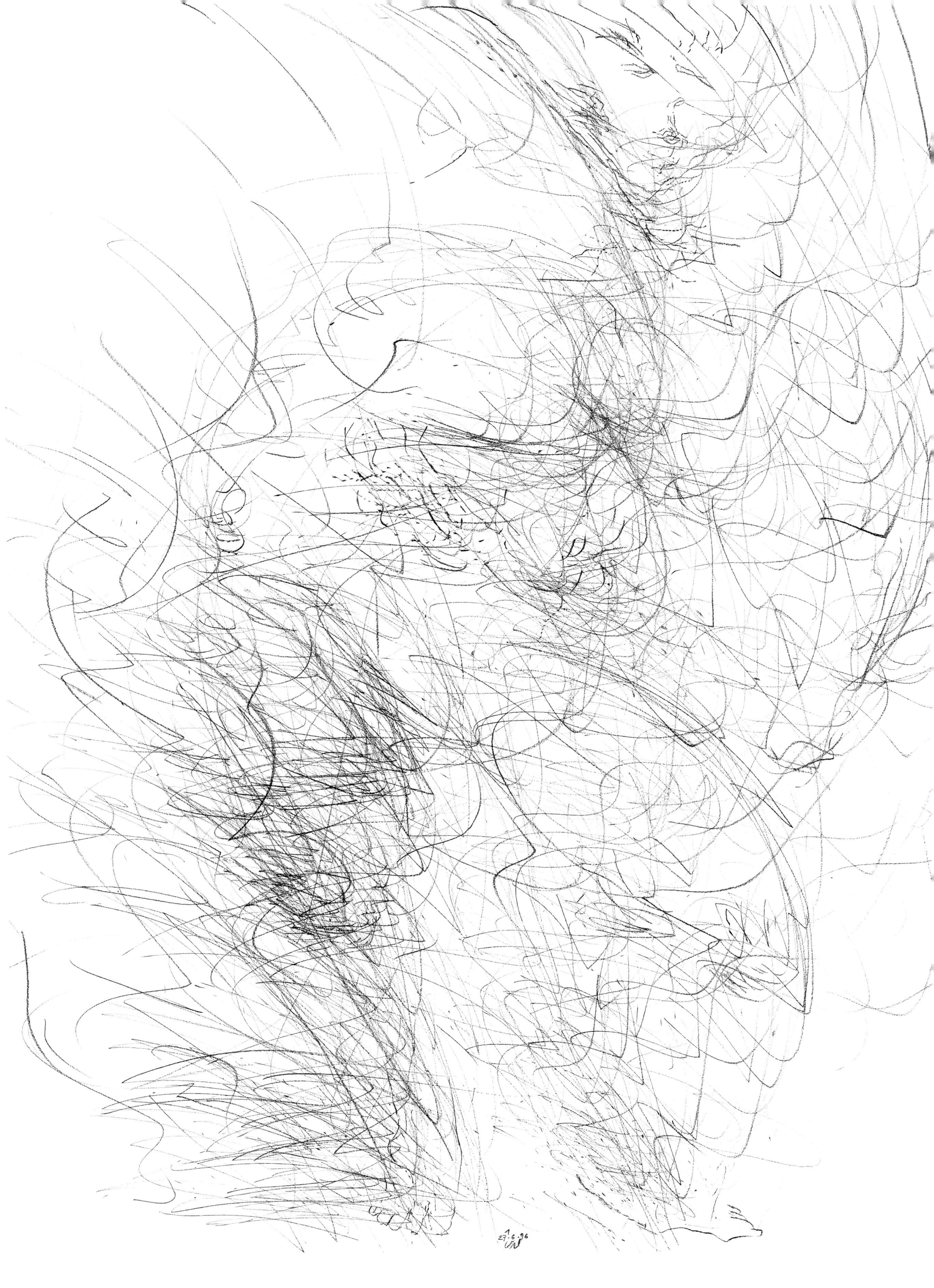
27.6.96

1. Gedanke: Die Ursprünglichkeit des Anfangs

Skizzieren, sich wegträumen, versucherisch, flüchtig. „...im Nirgend bei einem Engel irgend", sagt Klee. Also im Zwischenreich. So wie der Kampf mit der Botschaft der Engel ist auch der Kampf mit der Skizze immer ein Kampf mit dem Sujet, was nichts anderes bedeutet, als daß ein Kampf im Zwischenreich des Phantastischen stattfindet, nicht in der Wirklichkeit. Das Zwischenreich ist das Reich des Kreativen. Die, die im Reich der Realität zuhause sind, fragen wie immer nach dem Beweis. Und so läßt Rilke seinen Engel an Joseph die Frage richten: „Weil du Bretter machst, (...) willst du (mich) wirklich zur Rede stell'n?" Joseph zweifelt, er ist Realist. Für den Realisten zählt nur das gesicherte Wissen. Für die Skizze heißt das: sie wird immer angefochten von den Machern, weil die Skizze das Nicht-Wirkliche abbildet. Sie kostet Zeit, ist ein Indiz für Unsicherheit.

Der Zeichentheoretiker Max Bense beschreibt:
„Die Ursprünglichkeit und die Originalität des späteren Werkes wird man nur im ersten Schritt entdecken, im Repertoire der Möglichkeiten, in der Palette der Möglichkeiten, in der Skizze am Anfang. Zu diesen Möglichkeiten sagt er: „Man muß sie beurteilen, sich entscheiden und eine auswählen", das ist dann der zweite Schritt „während das dritte, was das Ziel ist, das eigentliche Objekt, die Realisation, durchscheint."

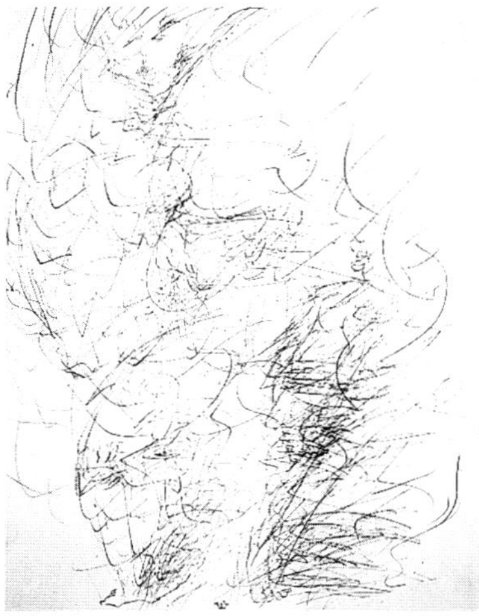

Am Anfang die diffus verwirbelt gestikulierenden Striche, die noch häßlich sind, ungeschickt, unsicher suchend, bis sie schließlich den Zustand der Eigenschaften annehmen könnten, die sie reflektieren wollen.

27.6.1996

Meine Engel hier sind die zeichnenden Studenten. Unzählbar sind die Heerscharen und die Geschichten, in denen sie auftreten, unzählbar die Botschaften, die sie überbringen. Die Studenten sind wie Engel. Sie verkünden plural vom Ziel. Die Botschaften (in den Skizzen) werden immer abstrakter, je mehr sie sich vereinzeln; präziser, je mehr sie sich vereinfachen. Und die Botschafter, die Engel, werden auch immer abstrakter zu sich selbst, sie suchen ja ihren ureigensten Anfang und beginnen sich selbst, wie einen anderen zu sehen, je mehr sich die Botschaften vereinzeln. „Der Engel schwindet, schmilzt wie Schnee dem Überirdischen entgegen", heißt es bei Cocteau.

25.6.1996

Max Bense: „Am Fuße der Wirklichkeit lagern die Möglichkeiten und am Fuße der Wahrheit ihre Voraussetzungen; man muß sie beurteilen, sich entscheiden und eine auswählen. Denn die Wirklichkeit, das Gemachte, das Realisat ist immer das Zweite, und alles, was an Notwendigkeiten, an Gesetzen, an Gewohnheiten und Unentrinnbarem involviert ist, ist das Dritte, das letzte und höchste, das erreicht werden kann."

Wir wünschen uns die Engel in sonntäglicher Schönschrift, vollendet, ausgestattet mit eindeutigen Antworten. Aber mit den Engeln ist es doch ganz anders. Sie singen, flattern und schwärmen und schweifen weiträumig, drängen stürmisch, spielen mit aufgeregten Gesten, deuten flüchtig an, was daraus werden soll und entfernen sich wieder. Sie deuten die Botschaft nur an und führen das Ziel in der ersten Gegebenheit, als phantastische Möglichkeit vor. Sie organisieren den Weg.

Engel in sonntäglicher Schönheit.

Rembrandt-Schule, Die Vision Daniels, um 1650

Der Engel in der Rembrandt-Zeichnung: unruhig, verwischt, in Strichstücken, spontan improvisierend, in gewöhnlicher Sprache.

Rembrandt van Rijn, Der Engel erscheint Hagar und Ismael in der Wüste, um 1650

Die präzisen Botschaften können aus unübersichtlichen Verhältnissen gezogen werden wie Fäden aus einem Knäuel ...

19.1.1995

...Das ist nicht immer einfach. Das führt zuweilen zum Kampf mit dem Engel, wenn die Botschaft zunächst unverständlich bleibt, oder wenn sie überfordert, erdrückt, weil sie zu stark erscheint. Wieder eine Zeichnung von Paul Klee: Welch ein Befehl!

Paul Klee, welch ein Befehl, 1933

2. Gedanke: Die doppelte Organisation der Skizze
Ein zweiter Bense-Gedanke, als ob er ein Verkünder wäre oder ein Engel: „Die Skizze verrät eine doppelte geistige Organisation, die nur den Banausen unverträglich erscheint, nämlich: Improvisation und Präzision" (ein wunderbarer Widerspruch). Wie ist das möglich?

Weiter mit Bense: „Jede Skizze bereitet im erkennbaren Bereich des Improvisierten den Umfang der Möglichkeiten des schöpferischen Repertoires vor, aus dem dann die Momente der Präzisision wie die feineren und festeren Fäden gezogen werden."

Ganz banal würden wir sagen: die Konturen werden fester, Umrisse zeichnen sich ab, lösen sich aus dem Strichgewirr heraus. Das Vollendete ist immer ärmer.

Gleichzeitigkeit von improvisierenden Strichen und der Chance, darin Präzision zu finden. Noch viel Gleichmäßigkeit.

21.11.1996

Präzisere Striche akzentuieren Eigenschaften und Zusammenhalt.

16.1.1997

Konturen fassen zusammen.

19.12.1996

Zeichenhaftigkeit bildet sich aus.

20.11.1997

3. Gedanke: Die Chance des Unwahrscheinlichen in den Überlagerungen der Striche
„Je komplizierter die Systeme sind, je feiner ihre Elemente werden, desto größer ist die Wahrscheinlichkeit des Unwahrscheinlichen." (Auerbach)
Das gilt auch für die Skizzen: Je mehr Striche überlagern, je mehr Strichinseln überlagern, je mehr Zusammenhänge überlagern, um so reicher die Möglichkeit, neue Zusammenhänge hineinzulesen. Das imaginierende Lesen der Striche führt zu immer neuen Bildern in der Vorstellung. Die Skizze wird transparent, man schaut durch die Striche im Vordergrund hindurch; Transparenz ist jetzt Ursache für die konkrete Gegenwart des Unwahrscheinlichen. Das ist ein Blick ins Zwischenreich, wo die Engel beheimatet sind.

Noch einmal der Sehvorgang: am Anfang diffuse Striche, feingliedrige Striche, die sich gleichmäßig überlagern. Lösungen sind noch offen.

4.7.1996

Differenzierte Muster kristallisieren sich heraus, die Wahrscheinlichkeit vieler Lösungen ist präziser angedeutet.

25.4.1996

Verdeutlichte gestreckte und sitzende Gesten, ausgewählte Strichgesten.

23.5.1996

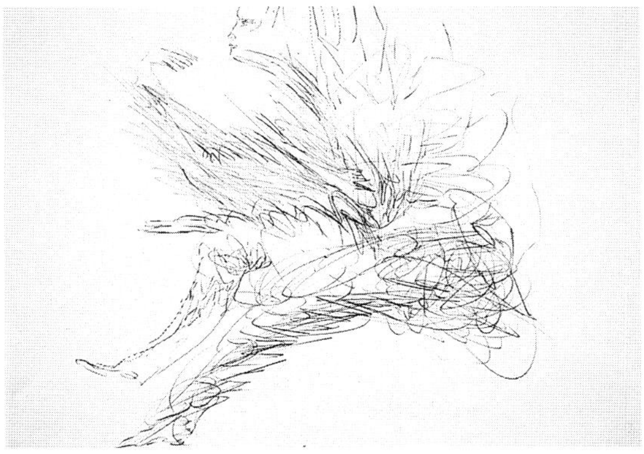

Eigenschaften geklärt und in wenige Strichmuster überführt. Minimierte Striche, die nur über den Weg der Fülle zustande kommen können.

29.11.1996

Das Unwahrscheinliche dieser Skizzen besteht darin, daß die Bündelung der Linienzüge, Netze und Kurvenschwünge so groß werden und sich dermaßen verschlingen und verdichten kann, bis die Figur nur noch wie das ferne Gespenst eines Gegenstandes wahrnehmbar wird. In solchen Verstecken, in denen die Architektur scheinbar zurückhaltend bleibt, befindet sich jedoch fast immer auch eine Kontur unter den vielen, die den präzisen Kurvenzug ermöglicht.

4. Gedanke: Das Phantastische drängt auf Realisation

Die Botschaften der Engel deuten nur an und führen das Ziel als phantastische Möglichkeit vor. Der Verkündigung folgt dann die Sorgfalt, die Botschaft, wenn sie konkret wird, zu begleiten.

„Jede Skizze", formuliert Bense, „selbst wenn sie es nicht abbildet, thematisiert ihr Objekt. Thematisiert es, d.h. sie deutet an, sie akzentuiert; oder unterdrückt dieses oder jenes Merkmal... Und da die Skizze eine Zeichnung ist, also ein Zeichen ist, wird sie das Objekt, das sie suggeriert, in seiner ersten Gegebenheit, somit als pures phantastisches Objekt, eben als triadische Möglichkeit ... vorführen. Immer auch mit der Ambition seiner Realisation, seiner Realitätsthematik".

Die Engel von Klee haben in der Zeichenhaftigkeit der Striche dieselbe Nähe zu der zu überbringenden Botschaft wie die Architekturskizze zum zukünftigen Projekt.

Die Zeichnung von Rembrandt macht das Gieren noch deutlicher. Die Skizze leistet sich eine doppelte Schönheit: die Schönheit des Engels mit Flügen und die Visualisierung des Wegfliegens im spiraligen Strich (was immer auch Zurücklassen der Botschaft bedeutet). Die Zeichnung hat ausgedient, der Engel kann fliehen. Und jetzt der Kalauer: Die flüchtige Skizze ist die Vorzeichnung zu einem zukünftigen konkreteren, gefestigten Gemälde.

Die Spirale visualisiert Wegfliegen. Die Figur mit Flügeln wird nebensächlich. Die Strichmuster und der spiralige Zusammenhalt sind präziser.

Rembrandt van Rijn, ... fuhr der Engel des Herrn in der Lohe des Altars hinauf, um 1639

Die Striche sind präziser als das Wort. Die Gebärden der Striche verdeutlichen Gebärden, die dem Betrachter vertraut sind, wenn er sich hineinversenkt, verweilt, sich Zeit nimmt.

Paul Klee, bleib trüb, 1937

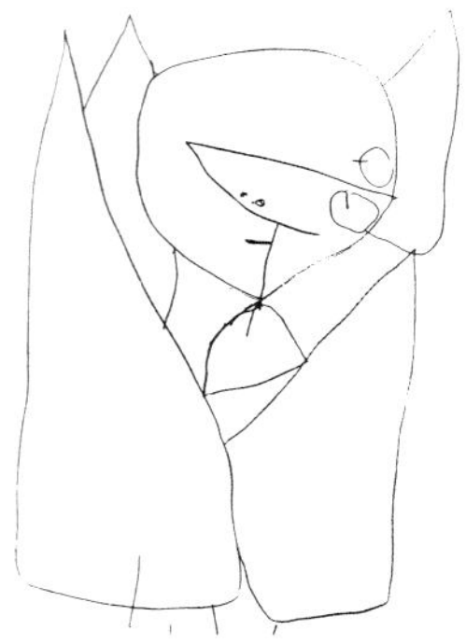

Paul Klee, Krise eines Engels II, 1939

Paul Klee, Engel zu drei, 1939

Die Architekturskizze: Sie verharrt solange im Zustand phantastischer Architektur, bis die Zeichnung den Plan wahrnehmbar macht. Jede Architektur muß vorher phantastisch gewesen sein, zeichenbar gewesen sein, erst skizziert gewesen sein, um planbar zu sein, um Realität werden zu können.

5. Gedanke: Die doppelte Schönheit der Zeichnung

Wir unterscheiden die eigentümliche Schönheit der Strichfiguren und dann die Zeichenschönheit der Zusammenhänge der Striche in der Darstellung. Bei näherer Betrachtung können dann die Strichfiguren Stück für Stück ihre – zunächst auffällige – ornamentale Schönheit verlieren, sogar unsichtbar werden. Die vordergründige, eigentümliche, ins Auge fallende, dekorative Schönheit geht verloren, wenn die Zeichenschönheit der Konfiguration zu dominieren beginnt, wenn die Eigenschaften zueinander in Relation gesetzt werden (denn hier liegt auch immer das Neue), wenn unverwechselbare Zeichenhaftigkeit es auf den Punkt bringt.

Zweifache Schönheit: eigentümliche Strichmuster und der Zusammenhang der Strichinseln.

23.3.1996

Mehr Schönheit in der Konfiguration, weniger Unterschiedenheiten der Strichmuster.

18.1.1996

Konfiguration pur.

23.1.1997

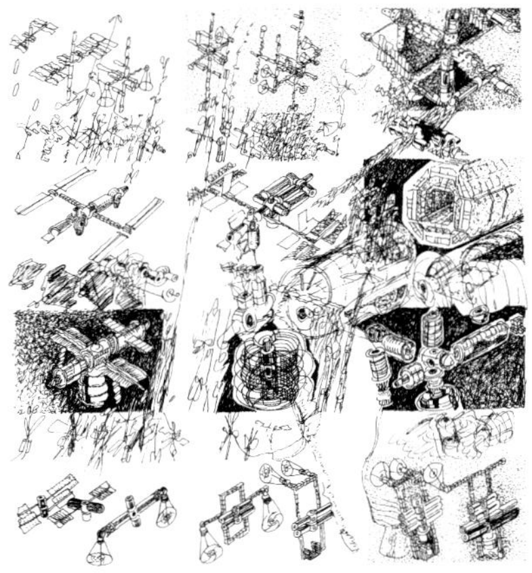

Konfigurationen der funktionalen Module von Raumstationen. Kompositionen pur. Die Module schwirren durchs All. Die vereinzelten Entscheidungen zu den Modulen, meinen Antworten zu Funktionsbereichen, zum Wachstumspotential, zur Struktursteifigkeit, zum menschlichen Potential, zum Kostenmanagement.

23.5.1998

Im Medium der Raumfahrt wird der Gedanke der Komposition durch die Konfigurationen der Raumfahrtsysteme besonders deutlich, Beziehungssysteme mit geringstem Materialaufwand, konkret gewordene Relationen ohne Umschweif, ganz präzise, wie abstrakt im phantastischen Zustand.

Kapitel 12
Das Einfache bindet das Komplizierte. Über offene Architektur

Airest

Restaurant
Café
Bar
Hotel
Party-Service
Bus-Service
Airline-Catering

Rechnung INTERNATIONAL
SEP17'06 10:37AM

0013 U 01 C01

1 SCHOKOBECHER 52.00
BAR 52.00

52.00 10% MWST 4.73
0009 01 0102 SEP17'06 10:58A

Kloster Bräu
Schwechater Pils frisch vom Fass

Airest Restaurant und
Hotelbetriebsges. m.b.H.
Wien - Flughafen
Tel. 77 70/26 72
Telex: 131 285 a airw a

Airest Restaurant und
Hotelbetriebsges. m.b.H.
Linz - Flughafen
Tel. 0 72 21/72 7 01/474 Dw.

Airest Restaurant und
Hotelbetriebsges. m.b.H.
Klagenfurt - Flughafen
Tel. 0 42 22/44 7 00

Getränke 20% MwSt., Küche und Eis 10% MwSt.
Preise inklusive 10% Getränkesteuer, 10% Alkoholsteuer und 15% Bedienungszuschlag.
Erfüllungsort und Gerichtsstand Wien.

König & Ebhardt AG 47556

Für die gewöhnliche Kunst des Wohnens wird der Gedanke des Skizzenhaften gedehnt, gibt sich praktisch, oder umgekehrt, die praktische Anwendung auf die ganz gewöhnliche Wohnung zeigt, wie weit er trägt. Einen Raum in Besitz zu nehmen, heißt immer auch improvisieren. Besser noch, in ihm etwas Skizzenhaftes zu sehen, etwas, das noch nicht ganz zu Ende gekommen ist, etwas, das eigene, ganz persönliche Initiativen und Möglichkeiten zuläßt, Möglichkeiten, die ursprünglich noch nicht vorgesehen sind. Anders gesagt: das bis zuletzt aus dem Entwurfsprozeß beibehaltene Skizzenhafte soll auch im gebauten Entwurf, im fertigen Haus sichtbar bleiben. So kann der Nutzer aus dem Repertoire der nur angedeuteten Möglichkeiten auswählen, entscheiden und den Ort in der Vorstellung vollenden, ihn dann zu seinem persönlichen Raum machen und für einen bestimmten Zustand seines Lebens zu Ende nutzen, zu Ende denken, und wieder neu imaginieren, wenn er ein anderer geworden ist.

Das Gebäude, das von der Skizze lebt, ist einfach, aber nicht primitiv, es wirkt wie zufällig aus der Hand geschüttelt, ist aber sorgfältig entwickelt, es gibt Auslassungen, aber die Leere vibriert, es gibt Vereinfachungen des zuvor kompliziert Gedachten, es gibt präzise Konturen, die aber sind nicht eindeutig, weil sich darin die nicht ausformulierten Möglichkeiten überlagern. Schönster Gedanke: Ein Haus wie ein Volkslied, in dem nur das Eingängige übrig geblieben ist, ein Lied, das gut ist für den Mondaufgang oder für Pfingstsonntag.

Anfangsgedanke: Die einfachen Genüsse im Urlaub, die Wasserrinne, der Steinboden, unverputzte bucklige Wände, Waschschüssel und Teekessel sind der beste Rahmen, um Distanz zu gewinnen, ...

Reisefoto aus Shanghai, 1984

... um in Gedanken neu anzufangen und nach der Rückkehr Leben und Wohnung auf- und umzuräumen, oder anders, ein Wohnhaus gleich so zu entwerfen, daß etwas Skizzenhaftes in ihm bleibt, daß Anfänge immer wieder möglich sind.

Haus des Architekten in Lichterfelde, 1985

Vom Umgang mit Fenstern: Das schmale Fenster schenkt Zufallsblicke, wie Zufallsfotos, je nach Standort.

Haus des Architekten, 1985

Ein Fensterornament im Erker

Uhl, Haus am Begonienplatz, Berlin-Lichterfelde, 1991

Die Skizze ist mehr als die Wirklichkeit. Das Skizzenhafte im Gebäude fördert die persönliche Aneignung. Der Gedanke hat von den Eindrücken aus dem Urlaub gelernt.
Die Einfachheit hat etwas mit Können zu tun, es ist die Kunst des Weglassens. Sich-Vollenden heißt weglassen.

Reden wir von den Elementen, vom Umgang mit Fenstern: Ein Fenster fängt ja nicht nur Licht ein, sondern rahmt einen präzisen Ausschnitt von Wirklichkeit, wenn es klein oder ornamental genug ist. Es verändert seine Rolle in der Fassade, wenn es mit tiefen Laibungen erscheint oder flächengleich eingebettet ist. Der Gedanke hierbei: Gestalten ohne Form, und, davon ist hier die Rede, ohne materiellen Aufwand. Auf der Südseite wächst das Fenster notwendig zur großen Glasfläche, der zu kleine Raum leiht sich Größe vom Außenraum, es bedient sich der passiven Sonnenenergie und leitet die Wärme auf den speicherfähigen Fußboden. Der Boden ist weiß gefliest, die Fugen diagonal vernetzt, die Mitte leer. Ziel ist Dennochgröße im kleinen Raum, sparsame Grundrißfläche, viel größere Raumwirkung. Der Fußboden ist beheizt, eine gute Ausnutzung der herkömmlichen Energie. Überall kann man sich hinsetzen, in Strümpfen oder barfuß gehen, ein flexibler Grundriß, ohne materiellen Aufwand, fast ohne Akzentuierung – nein, doch: die dunkle Fußleiste ringsum. Sie wirkt wie ein Bilderrahmen. Die ausgezogenen Schuhe, der hingeworfene Mantel – sie wirken wie Dekoration; der besondere Ort, hier: das sogenannte Erkerfenster. Für einen wirklichen Erker war kein Geld da. Das Haus mußte mit dem Kostenlimit des sozialen Wohnungsbaus auskommen. Wandaufbau: Hochlochziegel mit Kieskratzputz. Diese Wände atmen. Fensterrahmen aus Holz. Einfachheit überall. Gedanke: Das Vernünftige ist immer auch das Ökologische.

Tiefe schmale Fenster, die Formen sind hier banal, auffallend nur die unregelmäßigen Löcher in der Wand, die Gestik der Fenster.
Haus des Architekten, 1985

Fenster wie flächengleiche Bilderrahmen, innerhalb der Laibung von innen nach außen gestaffelt.
Haus am Begonienplatz, 1991

Das geöffnete Erkerfenster, Glas bis auf den Boden, die Tiefe des Mauerwerks wurde als Vorsprung genutzt.
Haus des Architekten, 1985

Der gleiche Fußboden überall, weiß, wie ein großes leeres Blatt Papier. Diagonale Fugen, schwarz gebeizte Fußleiste ringsum.
Haus des Architekten, 1985

Ein anderer Gedanke, aus der Mehrdeutigkeit der Skizze gewonnen: Dennochgröße durch infinite Räume. Wenn die wirklichen, abschließenden Raumgrenzen auf den ersten Blick nicht klar werden, sich als Stücke von Räumen geben, die wie improvisiert, gewissermaßen unfertig und unübersichtlich erscheinen, um schließlich doch noch Kontur anzunehmen, bleiben sie sozusagen im Zustand der unübersichtlichen, verwackelten Striche der Skizze am Anfang. So können mehrere Raumbereiche eine gemeinsame Fläche beanspruchen, die wahrgenommene Größe ist mehr als die tatsächliche. Der gleiche Gedanke, ein größeres Haus im geförderten Wohnungsbau. Was man im Geschoßgrundriß nicht sieht, ist die sorgsam geplante Folge großer und enger Erschliessungsflächen, die einander abwechseln und notwenige Enge aufheben. Große Eingangshalle, großer Fahrstuhl, aber minimiertes Podest, minimierte Treppenbreite (jedoch von oben bis unten verglast). Dann erst: die geräumige Diele in der Wohnung. Und zwei Auswege aus jedem Zimmer. Der Rundlauf in der kleinen Wohnung kostet nur zwei Türen mehr, die Räume sind jetzt Orte auf einem Weg. Auch hier wird Größe durch Raumfolgen vorgetäuscht. Ein Gedankenschritt weiter: Raumfolgen, die nicht nur Größe vortäuschen, sondern worin ein Raum auf den anderen verweist durch eine logische Folge von Verwandlungsschritten. Hier sind es nur Sonderformen der Türausschnitte in einer luxuriösen Villa. Eine dingliche Wirklichkeit, aber viele geistige Gebäude. Das nenne ich sparsame Architektur.

Beim kleinen Lichterfelde-Haus: Wohnraum und Eßraum gehen ineinander über, der Eßbereich ist nicht ganz einsehbar, infinite Raumkontur täuscht Größe vor.

Haus des Architekten, 1985

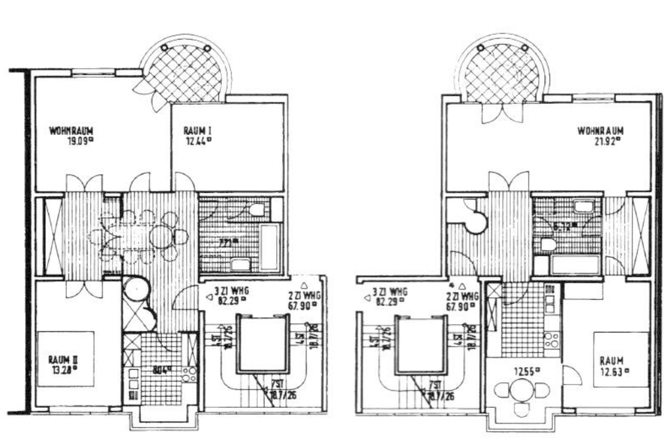

Links: Mehrgröße, weil der innenliegende Eßplatz Raum an die umliegenden Wohn- und Schlafräume abgeben kann. Er ist schaltbar.
Rechts: Mehrgröße durch den Rundlauf, man kann jeden Raum in zwei Richtungen verlassen (2. Weg).

Grundrisse, 3- und 2-Zimmerwohnung, Haubachstraße, 1985

Türenfolge. Rahmenloser Durchgang mit unterbrochenem Sturz, dann Pfeiler mit auskragenden Kapitellen und eingestelltem Türrahmen, zuletzt vier wie aus der Wand herausgeschnitte Rechtecke, die das Format des Türrahmens und des Oberlichtes variieren.

Villa in Kronbach, 1985

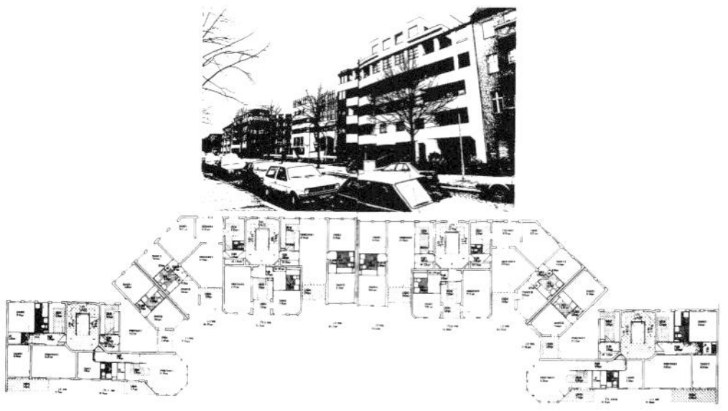

Wohnungsschlüssel mit verschiedenen Wohnkonzepten aufgefüllt: (v. l. n. r.): die banale 3-Zi-Whg. mit Flur, die 1,5-Zi-Whg. mit Rundblick aus dem sechseckigen Wohnraum, 3-Zi-Whg. im Knick zum Durchwohnen nach zwei Himmelsrichtungen, 4-Zi-Whg. mit Rundlauf (das Eßzimmer verleiht Raum an die umliegenden Bereiche), 2-Zi-Whg. mit dem 2. Weg über Loggia etc.

Geschoßgrundriß, Letteallee, Berlin, 1982

Erlebbarer Raumgewinn durch infinite Räume, die entstehen, wenn sich die endgültigen Raumgrenzen dem ersten Blick entziehen, oder wenn mehrere Räume gemeinsame Flächen untereinander aufteilen, oder wenn unterschiedliche Wege Orte in immer neuen Erlebnisketten aufreihen, wenn sich Bilder, die man schon gesehen hat, zu mehr Größe aufaddieren, als tatsächlich vorhanden ist. Das Ziel: Weniger bauen, über mehr verfügen.

Blick von der Straße auf die Schmalseite des Hauses.

Die Nähe der beiden Häuser auf einem Grundstück, ihre Abstandsflächen überschneiden sich.

Der einfache Rahmen: Parkplätze und Wege sind versickerungsfähig, das Regenwasser rinnt in den Garten, Unkraut darf wuchern.

Der Wintergarten, Zutat zum Altbau.
Haus des Architekten, 1985

Zurück zum kleinen Beispiel: Es wurde an den Brandgiebel einer nachbarlichen Häuserzeile gebaut und steht nun rechtwinklig zur vorhandenen Brandwand, hat deshalb auf der ganzen Länge keinen Wärmeverlust durch die Außenwand zu fürchten und kann den kleinen 1-Zimmerwohnungen dreiseitig besonnte Fenster bieten. Ein Kopfbau, der sich wegrundet, ist von der Straße ganz schmal, auf der Gartenseite jedoch ein dekoratives Plakat. (Darin steckt eine Erinnerung: Vor der Bebauung wurde die Giebelwand oft als Projektionsfläche für Dias und Lichteffekte benutzt). Der Kopfbau steht außerdem in nächster Nähe zu einem zurückgerückten Doppelhaus aus den fünfziger Jahren, das kleine Grundstück hat also ohne Verlust drei Wohnungen mehr aufgenommen.

Der Garten wirkt nicht kleiner als zuvor, die Abstandsflächen überschneiden sich rechtwinklig. Im Zuge der Baumaßnahmen fiel für das alte billige Doppelhaus noch ein Wintergarten ab, hinten, wo man ihn gar nicht sieht. Einfache Stahlprofile, Glasdach und Glaswände und eine Tür zum Garten, also Frühstück, ungesehen, unterm Apfelbaum. Funktioniert als vollwertiger Raum, behaglich, weil mit Sonnenschutzverglasung und Fußbodenheizung, oder als Pufferzone bei geschlossener Tür und abgeschalteter Heizung. (Im Nebensatz: Mir schaudert vor Wintergärten, die nur die Fassade schmücken, aber außer acht lassen, daß Luft mit Gerüchen, Geräuschen, Tritten durchsetzt, windig durchs Haus zieht.)

Die Dampfwalze hat Vorbildcharakter für die Architektur. In ihren angehaltenen Gesten erklärt sie ganz verständlich die Logik der Funktionen, mit denen sie dienen kann. Gleichzeitig ist sie Beispiel für einen beweglichen Organismus.

Das gewöhnliche Detail an der Treppenbrüstung: Glattputz neben schalungsrauhen Oberflächen, Kiefernbretter geknickt, Kellerleuchte.
Haus des Architekten, 1985

Abstellraum als aufklappbarer Schrank, Rahmen aus Kiefer, weiße Innenflächen.
Haus des Architekten, 1985

Vorbild für die Garderobe: Heizungsrohre.
Haus des Architekten, 1985

Die sparsame Garderobe in der kleinen Diele: ein gebogenes Rohr.
Haus des Architekten, 1985

Und noch mehr Gedanken im kleinen Haus untergebracht: Aus den einfachen Strichen der Skizze entwickelt sich das gewöhnliche Detail, das nichts kosten darf: Vor der Wohnung das Wechselspiel zwischen Glattputz und schalungsrauhen Oberflächen, die reduzierte Gestik der eingeschnittenen tragenden Wand im Treppenhaus, die einfache Verkleidung der Brüstung, senkrecht und waagrecht, mit Kiefernbrettern. Als Treppenbeleuchtung: die Schildkröte aus dem Keller. In der Wohnung dann das spitzfindige Detail: Der fahrbare Abstellraum, der zugeklappt in einer passenden Ecke verschwindet oder sich offen flach an die Wand drückt. Oder das noch spitzfindigere, andrerseits noch gewöhnlichere Detail: An den Wasserrohren im immer wieder geweißelten Heizungsraum trocknen die nassen Hemden, die Rohre werden zum Vorbild für die Stange in der Garderobe, vom Installateur gefertigt und als Einweihungsgeschenk mitgebracht.

Und noch ein Ort mehr: Ein Schwimmbad auf dem Dach, mehr eine Schwimmrinne, zwei Meter breit und elf Meter lang. Luxus auf den ersten Blick, aber mit hoher ökologischer Auswirkung. Es schützt das Dach im Sommer vor zuviel Sonneneinstrahlung, es schützt das Haus im Winter vor zuviel Auskühlung. Das Wasser speichert Wärme, sichert träge Temperaturen um 4 Grad Celsius. Natürlich läßt sich das Wasser heizen. Das Schwimmbad auf dem Dach hat sich das kleine Haus selbst eingespart; es wurde genehmigungsfähig im geförderten Wohnungsbau.

Die Details spielen pauvre arte aus. Sie nutzen die Relationen, um ohne auffällige Formen und ohne materialen Aufwand auszukommen. Sie kosten weniger und fordern zur persönlichen improvisierenden Aneignung auf.

Schwimmrinne im Sommer und ...

Haus des Architekten, 1985

... und Schwimmrinne im Winter.

Haus des Architekten, 1985

Auf den geschlossenen Seiten: aufgemalte Streifenornamente.

Haus des Architekten, 1985

Der verwilderte Garten, der zwei Häuser und eine Dampfmaschine verschwinden läßt.

Haus des Architekten, 1985

Rand- und Schlußbemerkung: Das fast in der Skizze gehaltene Haus unterlag der strengstmöglichen Kontrolle durch Zahlen und Verhältnisse, die seine Wirtschaftlichkeit kontrollieren und es mit anderen, auch größeren Bauten in Vergleich setzen.

Errechnet wurden: die wirtschaftlichste Durchschnittsgröße einer Wohnung; das Verhältnis von Bruttorauminhalt zu Bruttogeschoßfläche zu Nettogeschoßfläche zu Wohnfläche (Raumflächen- und Nebenflächenfaktor); die Konstruktionsfläche im Verhältnis zur Bruttogesamtfläche, die allgemeine Verkehrsfläche zur Wohnfläche; die Außenwandfläche zur Wohnfläche; die Fensterfläche zur Wohnfläche; der Stahlanteil pro cbm Gebäude.

Résumée. Ich versuche seit Jahren, mit weniger Grund und Boden auszukommen, mit weniger Grundrißfläche und weniger umbautem Raum, mit weniger Wasserverbrauch, mit geringerem Heizungsaufwand (aber keinen Vollwärmeschutz bitte, keine luftundurchlässigen Regenmäntel). Nur reduzierte Fensterflächen und ausgeklügelte Lichtführung.

Minimieren heißt zwar dinglich kleiner werden, aber gleichzeitig durch die Flexibilität der Nutzung, durch infinite Räume, durch Dennochgröße die Wohnung in der Vorstellung vergrößern. Grundrisse und Räume offerieren dem Nutzer ein gewisses Maß an Improvisation und verlangen es zugleich von ihm. Der Entwurf, der in Teilen skizzenhaft bleibt, läßt sich vom Nutzer anfüllen, mit Vorstellungen, mit Dingen, selbst mit baulichen Ergänzungen. Er macht auch den Nutzer bewußt und souverän.

Entwerfen, das auf Minimieren abzielt ist ein ganzheitliches Entwerfen im Sinne von Komposition, ohne Betonung des künstlerischen Anspruchs. Es ist ein Entwerfen, das sich in unendlich vielen kleinen Schritten dem Vernünftigen und Wirtschaftlichen annähert. Das Vernünftige ist immer auch das Ökologische.

Abbildungsnachweise

Seite 32

Paul Klee (1879–1940), nach: Paul Klee, Das Bildnerische Denken, Hrsg. Jürg Spiller, Basel 1956, S. 411

Paul Klee (1879–1940), Chaotisch, Kosmisch gewickelt nach: Paul Klee, Das Bildnerische Denken, Hrsg. Jürg Spiller, Basel 1956, S. 2

Paul Klee (1879–1940), Zeichnungen Nr. 10–13, nach: Paul Klee, Das Bildnerische Denken, Hrsg. Jürg Spiller, Basel 1956, S. 107

Paul Klee (1879–1940), hässliches Kind, 1929, 115 (B 5), Feder und Bleistift auf Papier mit Leimtupfen auf Karton, 32,9 x 20,9 cm, Standort: Paul-Klee-Stiftung, Kunstmuseum Bern, Inv. Nr. Z 696

Seite 33

Paul Klee (1879–1940), Kranke im Fauteuil, 1909, 53, Feder auf Papier auf Karton, 17,3 x 20,8 cm, Standort: Privatbesitz Schweiz

Paul Klee (1879–1940), ausschlagendes Pferd, 1932, 133 (Qu 13), Kreide auf Papier mit Leimtupfen auf Karton, 20,9 x 32,9 cm, Standort: Paul-Klee-Stiftung, Kunstmuseum Bern, Inv. Nr. Z 904

Paul Klee (1879–1940), hypokris-idealistisch, 1924, 293, Bleistift auf Karton, 27,7/27 x 18,5/18,8, Standort: Privatbesitz, Schweiz

Seite 34

Paul Klee (1879–1940), Schwer befruchtet, 1934, 130 (Qu 10), Bleistift auf Papier auf Karton, 48 x 31,5 cm, Standort: Galerie d'art moderne, Basel

Paul Klee (1879–1940), Frei gestalteter polyphoner Organismus, nach: Paul Klee, Das Bildnerische Denken, Hrsg. Jürg Spiller, Basel 1956, S. 84

Willem De Kooning, Untitled, um 1975–80, Bleistift auf Papier, 28 x35,6 cm, Standort: Xavier Fourcade Inc., New York

Seite 35

Paul Klee (1879–1940), Allee Bäume, 1934, 97 (N 17), Bleistift auf Papier auf Karton, 26 x 63,5 cm, Standort: Privatbesitz, Bern

Paul Klee (1879–1940), Fliehende sieht zurück, 1939, 1185 (MN 5), Kreide auf Papier mit Leimtupfen auf Karton, 29,3 x 20,7 cm, Standort: Privatbesitz Schweiz

Paul Klee (1879–1940), Santa A. in B, 1929, 170 (G 10), Feder und Kreide auf Papier mit Leimtupfen auf Karton, 21 x 32,9 cm, Standort: Paul-Klee-Stiftung, Kunstmuseum Bern, Inv. Nr. Z 705

Seite 43

Paul Klee (1879–1940), nach: Paul Klee, Das Bildnerische Denken, Hrsg. Jürg Spiller, Basel 1956, S. 64

Seite 53

Paul Klee (1879–1940), nach: Paul Klee, Das Bildnerische Denken, Hrsg. Jürg Spiller, Basel 1956, S. 21

Paul Klee (1879–1940), Zeichnungen 1–7, nach: Paul Klee, Das Bildnerische Denken, Hrsg. Jürg Spiller, Basel 1956, S. 23

Seite 64

Le Corbusier (1887–1965), Le musée à Croissance illimitée, Projet: Skizze einer Muschel / Ansicht aus der Vogelschau, in: Le Corbusier, Hrsg. Willy Boesinger, Zürich 1972, S. 227. Copyright: Fondation Le Corbusier Fondation, Paris/ SPADEM, Paris

Seite 79

Paul Klee (1879–1940), Frei gestalteter polyphoner Organismus, ohne Angaben, in: Paul Klee, Das Bildnerische Denken, Hrsg. Jürg Spiller, Basel 1956, S. 84

Paul Klee (1879–1940),Vier einzeln benannte Zeichnungen: Härten in Bewegung, 1927, 214 (V 4), Kreide auf Papier mit Leimtupfen auf Karton, 20,9 x 33,1 cm, Standort: Privatbesitz Schweiz; Atmosphaerisch scharf, 1931, 143, (R 3), Feder auf Papier mit Leimtupfen auf Karton, 33,7 x 26 cm, ohne Standortangabe; Raumbildung durch bewegte Gerade, 1931, 144 (R 4), Feder auf Papier mit Leimtupfen auf Karton, 34 x 47 cm, ohne Standortangabe; in Raumes Härten, 1931, 140 (Qu 20), Feder, Konturen mit einer Nadel geritzt, und Aquarell auf Papier auf Karton, 28,3 x 21,4 cm, Standort: Kunsthaus Zürich, Schenkung Klee-Gesellschaft, Inv. Nr. 1948/8, nach: Paul Klee, Das Bildnerische Denken, Hrsg. Jürg Spiller, Basel 1956, S. 37

Paul Klee (1879–1940), nach: Paul Klee, Das Bildnerische Denken, Hrsg. Jürg Spiller, Basel 1956, S. 30

Paul Klee (1879–1940), lineares Schema aus: Der L. Platz am Bau 1923, farbiges Blatt, Standort: G. David Thompson, Pittsburg, nach: Paul Klee, Das Bildnerische Denken, Hrsg. Jürg Spiller, Basel 1956, S. 155

Hysolar Forschungs- und Institutsgebäude. Foto: Gottfried Planck, Stuttgart, in: Behnisch & Partner Bauten 1952–1992, Hrsg. Johann-Karl Schmidt und Ursula Zeller, Verlag Gerd Hatje, 1992

Le Corbusier, Philips Pavillon, in: Le Corbusier, Aspekte des Spätwerks 1945–1965, Badischer Kunstverein Karlsruhe, 1986, S. 23. Copyright: Fondation Le Corbusier, Paris/ SPADEM, Paris

Seite 81

Paul Klee (1879–1940), Kirche und Schloss, 1929, 37 (M7), Feder auf Papier mit Leimtupfen auf Karton, 20,5 x 24 cm, Standort. Privatbesitz, Schweiz

Paul Klee (1879–1940), räumlich, dreidimensional und transparent, nach: Paul Klee, Das Bildnerische Denken, Hrsg. Jürg Spiller, Basel 1956, S. 126

Paul Klee (1879–1940), lineares Schema aus: Garten-Plan, 1922, 150, Aquarell und Feder auf Papier, mit Aquarell eingefasst, auf Karton, 26,6 x 33,5 cm, Standort: Paul-Klee-Stiftung, Kunstmuseum Bern, Inv.Nr. F 31, nach: Paul Klee, Das Bildnerische Denken, Hrsg. Jürg Spiller, Basel 1956, S. 155

Seite 93

Tietz Leipziger Straße 1899/1900: BAW, Nr. XVIII, nach: Berlin und seine Bauten, Teil VIII, Band A, Verlag Ernst & Sohn, Berlin–München–Düsseldorf, 1978, S. 39

Seite 104

Luftaufnahme Moabiter Werder: Herkunft unbekannt

Seite 115

Paul Klee (1879–1940), welch ein Befehl, 1933, 132 (R 12), Kreide auf Papier mit Leimtupfen auf Karton, 20,9 x 32,9 cm, Standort: Paul-Klee-Stiftung, Kunstmuseum Bern, Inv. Nr. Z 1020

Seite 118

Paul Klee (1879–1940), bleib trüb, 1937, 6 1 (M1), Zulustift auf bräunlichem Canson-Ingres, 31,5 x 24 cm, Standort: Privatbesitz, Schweiz

Paul Klee (1879–1940), Krise eines Engels II, 1939, 1022 (DE 2), Kreide auf Papier mit Leimtupfen auf Karton, 42 x 29,6 cm, Standort: Privatsammlung Schweiz

Paul Klee (1879–1940), Engel zu drei, 1939, 1138 (JK 18), Zulustift auf Papier, 29,7 x 20,8 cm, Standort: Privatbesitz, Schweiz

Literaturnachweise

Seite 10

Karl Friedrich Schinkel, In: Goerd Peschken, Karl Friedrich Schinkel, Das Architektonische Lehrbuch, Deutscher Kunstverlag, München–Berlin, 1979, S. 150

Paul Klee. In: ders., Das bildnerische Denken, Schriften zur Form- und Gestaltungslehre, hg., bearb. von Jürg Spiller, Benno Schwabe & Co Verlag, Basel/Stuttgart, 1956, S. 334

Seite 16

Karl Friedrich Schinkel, In: Goerd Peschken, Karl Friedrich Schinkel Das Architektonische Lehrbuch, a.a.O., 1979, S. 32

Seite 22

Henri Michaux. In: 2. Internationale der Zeichnung, Katalog zur Ausstellung der Stadt Darmstadt vom 16.7. bis 10.9. 1967, darin: Werner Haftmann: Der Zeichner Paul Klee, S. 279

Seite 25

Pablo Picasso. In: ders., Über Kunst, Aus Gesprächen zwischen Picasso und seinen Freunden, Ausgewählt von Daniel Keel, Diogenes, Zürich, 1982, S. 40

Seite 32

Fritz Schumacher. In: Information über Gestalt, Textbuch für Architekten und andere Leute, hg. von Martina Schneider, Bertelsmann Fachverlag, Düsseldorf, 1974, darin: Das Entstehen des baulichen Kunstwerks. Auszüge aus der architektonischen Kompositionslehre im Handbuch für Architektur von Fritz Schumacher, S. 49

Seite 40

Johann Gottfried Schadow. In: Max Liebermann, Die Phantasie in der Malerei, Schriften und Reden, Hg. und eingeleitet von Günter Busch, S. Fischer Verlag, Frankfurt am Main 1978, S. 12

Seite 41

Max Liebermann. In: ders., Die Phantasie in der Malerei, Schriften und Reden, a.a.O., S. 11

Seite 43

Paul Klee. In: ders., Das bildnerische Denken, Schriften zur Form- und Gestaltungslehre, a.a.O., S. 64 und 66

Seite 54

Pablo Picasso. In: Picasso, Über Kunst, a.a.O., S. 111

Seite 60

Karl Friedrich Schinkel. In: Karl Friedrich Schinkel, Berlin Bauten und Entwürfe, Auswahl, Bearbeitung und Kommentare von Klaus J. Lemmer, Rembrandt Verlag Berlin West, 1973, S. 75

Seite 62

Fritz Schumacher. In: Information über Gestalt, hg. von Martina Schneider, a.a.O., S. 45

Seite 66

Fritz Schumacher. In: Information über Gestalt, hg. von Martina Schneider, a.a.O., S. 43

Seite 69

Fritz Schumacher. In: Information über Gestalt, hg. von Martina Schneider, a.a.O., S. 46

Seite 72

Fritz Schumacher. In: Information über Gestalt, hg. von Martina Schneider, a.a.O., S. 45

Seite 75

Fritz Schumacher. In: Information über Gestalt, hg. von Martina Schneider, a.a.O., S. 56

Seite 81

Günter Behnisch. In: Behnisch & Partner – Bauten 1952–1992, hg. Von Johann-Karl Schmidt und Ursula Zeller, Verlag Gerd Hatje, Stuttgart 1992, S. 97

Seite 90

Friedrich Schiller. In: Max Liebermann, Die Phantasie in der Malerei, a.a.O., S. 203

Karl Friedrich Schinkel. In: Goerd Peschken, Das Architektonische Lehrbuch, a.a.O., 1979, S. 150

Seite 92

Karl Friedrich Schinkel. In: Goerd Peschken, Das Architektonische Lehrbuch, a.a.O., , 1979, S. 32

Seite 93

Karl Friedrich Schinkel. In: Karl Friedrich Schinkel, Berlin Bauten und Entwürfe, a.a.O., 1973, S. 75

Seite 99

Paul Klee. In: 2. Internationale der Zeichnung, a.a.O., S. 277

Seite 114 ff

Alle Zitate von Max Bense aus: ders.: Am Fuße der Wirklichkeit ... Notizen zu Architekturskizzen Johannes Uhls. In: Johannes Uhl, Zeichnungen zum Zwecke Architektur, Abakon Verlagsgesellschaft, Berlin, 1975, S. 3–6

Seite 114

Rainer Maria Rilke. In: Engel, Texte aus der Weltliteratur, hg. von Anne Marie Fröhlich, Manesse Verlag Zürich, [2]1991, S. 48

Paul Klee. In: Im Zwischenreich, Aquarelle und Zeichnungen von Paul Klee, Verlag DuMont Verlag, Köln, 1957, S. 45

Jean Cocteau. In: Engel, Texte aus der Weltliteratur, hg. von Anne Marie Fröhlich, a.a.O., S. 43